Gertrud Kolmar. 1894–1943
Bearbeitet von Johanna Woltmann

Gertrud Kolmars Todestag jährt sich im Frühjahr 1993 zum 50. Mal. Das ist dem Zeitgenossen Anlaß, sich der verstreuten Dokumente zu ihrem Leben und der Zeugnisse zu ihrem Werk zu versichern. Gewiß, Gertrud Kolmars Ansehen als Dichterin ist während der vergangenen Jahrzehnte gewachsen. Doch wer ist die Person, die hier spricht? Wer kennt ihr Leben? Auch ihr Werk steht bis heute noch einsam, von vielen unverstanden, manchmal mißverstanden, vor den Augen der Leser. Worum geht es also? Zu entdecken ist die *Geburt der Dichterin* Gertud Kolmar aus den Zusammenhängen der hier vorgelegten Dokumente. Um diesen Kern herum lassen sich fast alle Zeugnisse, die noch aufzufinden waren, gruppieren: die biographisch-autobiographischen, die philologischen, die poetologischen; auch Photographien, Manuskripte, Wirkungsgeschichtliches. Teilweise lassen sich sogar die Stätten ihres Lebens mit diesem Kern in Beziehung setzen – Finkenkrug etwa. Die ausstellungsbegleitende Dokumentation kann eine Biographie der Dichterin und eine darauf gründende Interpretation ihres Werkes zwar nicht ersetzen. Sie soll aber bereits im Hinblick auf den Lebenszusammenhang neue Akzente setzen, eventuelle Fehldeutungen korrigieren und vieles von dem nachprüfbar machen, was bisher nicht zugänglich war.

Gertrud Kolmar wurde als älteste Tochter einer bürgerlichen Familie deutscher Juden geboren, die ihren um die Jahrhundertwende einsetzenden wirtschaftlichen und gesellschaftlichen Aufstieg selber als »beispiellos« charakterisierte. Ihre Geburt als Dichterin läßt sich – abgesehen davon, daß sie ihre spezifische Begabung und Phantasie von ihren Eltern und Vorfahren ererbte – vor allem in einer als unglücklich erlebten Kindheit und Jugend aufspüren. Die Prägungen aus dieser Zeit wurden bestimmend für ein Leben in übergroßer, nie erfüllter Sehnsucht nach inniger Nähe zwischen Mutter und Kind oder Mann und Frau, determinierend auch für ein Leben in Opferbereitschaft, Verzicht und Ringen um eigene Vollendung.

Die Geburt der Dichterin wird schließlich erkennbar in ersten, formal gewandten und bereits sehr charakteristischen Texten des jungen Mädchens, die glücklicherweise als Manuskripte erhalten sind. Aus ihnen ist herauszulesen, wie sehr die dichterische Existenz – und der gleichzeitige Verzicht auf eine bürgerlich-normale Existenz – notwendig wurden zur Konstituierung und Konsolidierung eines Selbst, das inmitten einer heiteren Umgebung nicht glücklich und seiner selbst nicht sicher werden konnte. Die Konstituierung des Selbst, die Suche nach dem eigenen Ich, wurde denn auch zum Auslöser, zum Thema, zum Motivgeber und zum Ziel des Kolmarschen Dichtens.

Gertrud Kolmar vollzieht im Formprozeß ihres Dichtens – trotz aller negativen Thematik – wesentliche Schritte zu ihrer Selbstwerdung. Sie erlebt ihr Schaffen als Bestätigung ihres Ichs und erlangt die sichere, zuletzt auch von anderen bestätigte Gewißheit, etwas Außerordentliches, Bleibendes gestaltet zu haben. »Ich bin eine Dichterin, ja, das weiß ich«, sagt sie von sich selbst in ihren Briefen, und sie wiederholt es in immer neuen Formulierungen und Umschreibungen. Man darf den zitierten Satz getrost auch umkehren, um seine Bedeutung für ihre innere Existenz zu verdeutlichen: »Ich bin, weil ich weiß, daß ich eine Dichterin bin.«
Gertrud Kolmars Dichten ist nicht emanzipatorischer Widerstand gegen eine frauenfeindliche Gesellschaft, wie es heute gelegentlich mißverstanden wird. Eher ließe es sich umschreiben als ein besonderer seelisch-körperlicher Prozeß, den sie selbst immer wieder mit dem Vorgang der Geburt vergleicht, faszinierend, wenn auch nicht erklärbar in seiner schöpferisch-gestaltenden Dimension; verwandt, wenn nicht identisch mit Kafkas Erfahrung vom eigenen Schaffensprozeß: »Nur so kann geschrieben werden, nur in einem solchen Zusammenhang, mit solcher vollständigen Öffnung des Leibes und der Seele.«

Neben dem Themenkomplex der Geburt der Dichterin rückte in einem mehr äußerlichen Sinn auch die Geburt der Dichtung ins Blickfeld. Alles Entstehungsgeschichtliche, das aus dem geretteten Textkorpus und aus anderen Dokumenten herausgelesen werden konnte, war hier mitzuteilen, denn aus der doch relativ großen Summe von Fakten lassen sich hier deutlicher als bisher bestimmte Phasen ihres Schaffens voneinander abgrenzen und sogar neue Aspekte ihrer Persönlichkeit erkennen: Gertrud Kolmar gibt 1928 ihre Tätigkeit als Erzieherin auf. Sie tritt nun nach außen in Erscheinung und setzt sich beständig ein für die Übermittlung ihres Werkes an andere. Zuerst knüpft Walter Benjamin, der Vetter, literarische Kontakte; dann aber pflegt sie selbst die verschiedensten Verbindungen. Ihre Gedichte werden häufig auf Veranstaltungen des Kulturbundes rezitiert; noch in den späten dreißiger Jahren bemüht sie sich um die Veröffentlichung und die sichere Verwahrung ihrer Manuskripte. Ohne sich damit vom Leid ihrer Existenz befreien zu können, gewinnt sie dieser Existenz doch immer mehr Sinn ab und erscheint zeitweise mit ihr versöhnt. Augenblicke solcher Versöhnung bringt sie zum Ausdruck in ihren Briefen an ihre Schwester Hilde, auf ganz besonders ergreifende Weise aber bereits in einem Brief an Jacob Picard vom 14. November 1937, wo es heißt:
»Als ich gestern die C. V. Zeitung zur Hand nahm und mit großer Teilnahme, ›ohne etwas Böses zu denken‹, Ihren Aufsatz über den ›schöpferischen Augenblick‹ las und dann plötzlich hinter dem Namen Mombert und vor dem Namen Dostojewsky meinen eigenen Namen sah – wissen Sie, wie mir da zumute war? Das läßt sich nur

schwer beschreiben – aber vielleicht empfand so Andersens ›häßliches junges Entlein‹ als es zum Schluß unter die Schwäne geriet und der Wasserspiegel ihm zeigte, daß es selbst ein Schwan sei...«

Ein dritter Schwerpunkt dieses Ausstellungskatalogs liegt bei der frühen Rezeption des Werkes. Wie haben sie die Zeitgenossen gelesen – und wer bekannte sich überhaupt zu ihren ersten Lesern? Die einsam geglaubte Dichterin hatte eine Öffentlichkeit, und sie hatte Leser und Förderer unter den zeitgenössischen Schriftstellern, die das »Dämonische« ihrer Verse, wie Peter Wenzel es in Anlehnung an den »alten Sami Fischer« nannte, sehr deutlich wahrnahmen. Deren Namen sind zu benennen – Walter Benjamin, Horst Lange, Elisabeth Langgässer, Wilhelm Lehmann, Jacob Picard, Kurt Pinthus, Nelly Sachs, Oda Schaefer, Carl Seelig, Ina Seidel, Victor Otto Stomps –, und ihre Urteile sind hier, vielfach zum ersten Mal, belegt. Sie haben den Boden bereitet für die eigentliche Entdeckung der Dichterin Gertrud Kolmar, die in Hermann Kasack, Karl Otten und Friedhelm Kemp Herausgeber fand und in Peter Suhrkamp, Lambert Schneider und Heinrich Wild Verleger, die ihre Lyrik, die Prosa und die überlieferten Briefe in größtmöglicher Vollständigkeit der Öffentlichkeit bekanntgemacht haben.

1 Familie (1)

Der Vater. Gertrud Kolmars väterliche Familie, Chodziesner, stammt aus der bis 1918 zu Preußen gehörenden Provinz Posen, ursprünglich dort aus der kleinen Kreisstadt Chodziesen bzw. Chodzesen, von der sich der Name der Familie herleitet. Den deutschen Namen dieser Stadt, Kolmar, wählte die Dichterin als ihr Pseudonym. Der Vater Ludwig Chodziesner wurde am 28. August 1861 in dem an der Warthe gelegenen Obersitzko geboren. Er verbrachte seine frühe Kindheit in Woldenberg, in der zu Kernpreußen gehörenden Neumark, besuchte ab 1874 das Gymnasium in Wongrowitz, wiederum in Posen, bevor er 1883 nach Berlin ging, um dort Jura zu studieren, womit die Grundlage für seinen sozialen Aufstieg geschaffen wurde. Ein solcher Aufstieg bedingte für Juden im 19. Jahrhundert in den meisten Fällen eine Wanderung von Ost nach West, dort dann überwiegend in die Großstädte Berlin und Breslau. Zu diesem für das gesamte 19. und das beginnende 20. Jahrhundert soziologisch bedeutsamen Sachverhalt schreibt die Historikerin Shulamit Volkov:»Die Geschichte des deutschen Judentums im Jahrhundert der Emanzipation ist in der Tat vor allem eine Geschichte der Wanderung – aus einer Kultur in die andere, aus dem Dorf in die Stadt, aus der Kleinstadt in die Metropole, aus dem Osten in den Westen.« (Volkov, S. 175)

1 Die preußischen Provinzen Brandenburg und Posen

Ravensteins Deutsche Reise- u. Organisationskarten, Blatt II: Brandenburg, Pommern und Grenzmark Posen-Westpreußen. Frankfurt a. Main: Ludwig Ravenstein um 1930 (Stadt Frankfurt an der Oder, Stadtarchiv)

Gekennzeichnet sind *Obersitzko,* der Geburtsort Ludwig Chodziesners; *Woldenberg,* sein späterer Wohnort; *Wongrowitz,* wo er das Gymnasium besuchte; das Städtchen *Chodziesen* unter seinem deutschen Namen *Kolmar;* außerdem *Bad Schoenfließ,* von dem sich der Familienname von Gertrud Kolmars Mutter herleitet.

2 Ludwig Chodziesner an Hilde Wenzel

Berlin, 13. April 1940. Handschriftlicher Brief mit einer Nachschrift Gertrud Kolmars, 1 Bl. (3 S.) Gezeigt S. 2.

Dieser Brief ist der letzte in einer Reihe von drei autobiographischen Berichten, die Ludwig Chodziesner Ende 1939/Anfang 1940 seiner Tochter Hilde in die Schweiz schickte. Sie beginnen mit einer Charakteristik seiner Eltern, die im Alter die beruflichen Erfolge ihres ältesten Sohnes wie einen eigenen Triumph erleben durften, schildern seine Kindheit und Jugend und berichten schließlich über sein Studium und seine Referendarzeit als Jurist; sie enden mit seinem Eintritt am 1. April 1891 als Sozius in die Berliner

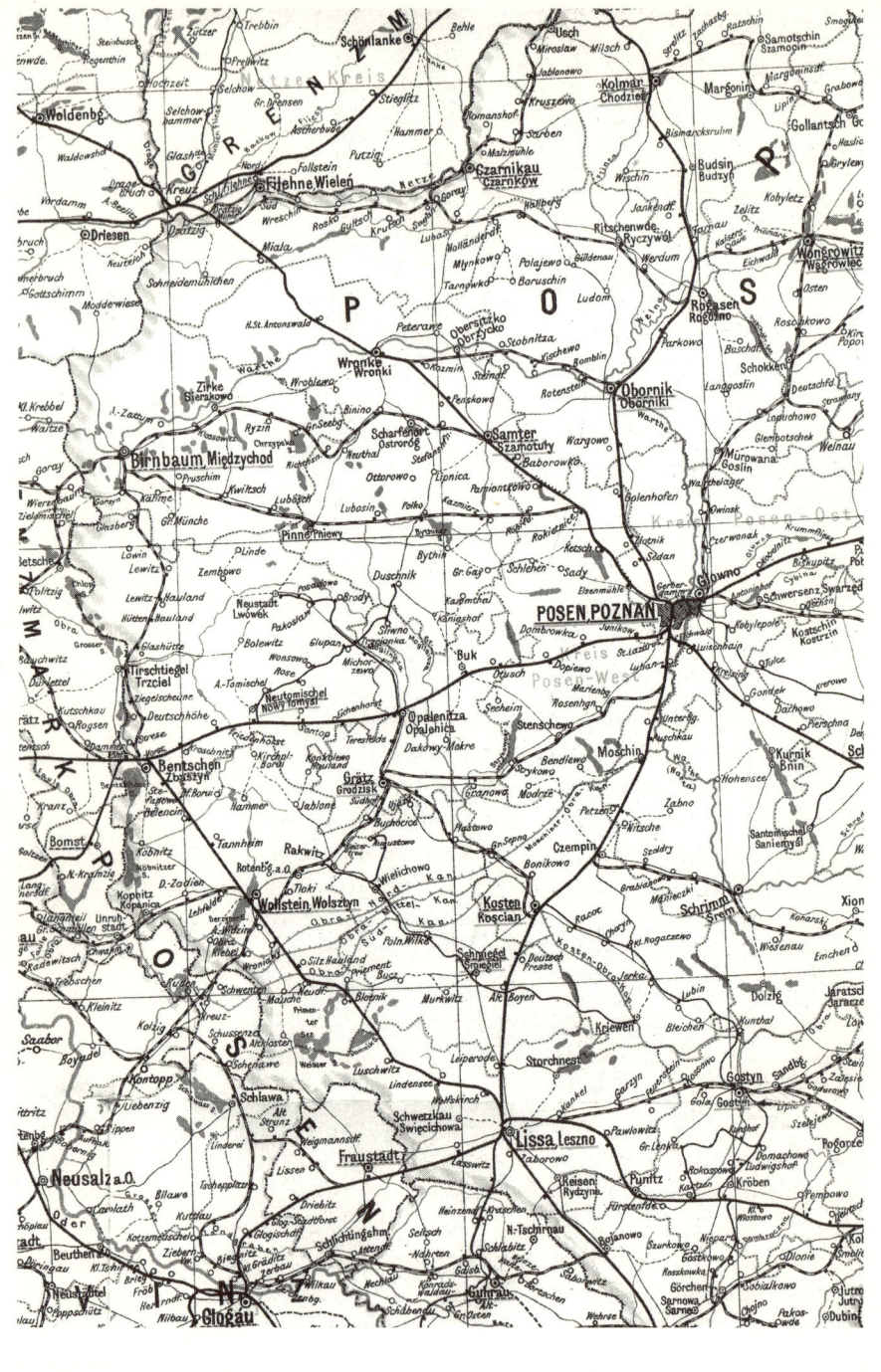

Anwaltspraxis Max Wronker. Der erste maschinenschriftliche Brief vom 10. Dezember 1939 umfaßt drei DIN A4-Bogen (6 S.), der zweite maschinenschriftliche Brief vom 10. Januar 1940 zwei DIN A4-Bogen (4 S.). Aus dem ersten Brief vom 10. Dezember 1939:

»In meinem Schreibtisch liegen manche Manuskripte und mancherlei Zeitungsaufsätze und gedruckte Skizzen, die einen Einblick in mein Leben gewähren, wohl mehr allerdings in den äußeren Gang als in das innere Erleben. In einem schwarzen Glanzlederheft ist sogar schon ein Anfang zu einer regelrechten Biographie gemacht... Mein Vater hatte eine lebhafte Phantasie, ein wunderbares Gedächtnis und den Drang nach Wissen. Alles, was ihm zu erreichen unmöglich war, suchte er durch seine Söhne zu erreichen... und der Höhepunkt seines Lebens, der einzige Rausch, den er je gehabt hatte, waren jene Novemberwochen des Jahres 1903, wo der Name seines ältesten Sohnes, sein und Euer Name, in aller Munde, in allen Zeitungen als der erfolgreiche Verteidiger der Gräfin Kwilecka, Isabella geb. Bininska, genannt und gefeiert wurde... [Meine Mutter] hatte nicht die Phantasie, die aus den dunklen Augen des Vaters blickte, nicht sein lebhaftes, ja leidenschaftliches Temperament. Aus ihren blauen, milden Augen sprach die Güte, die durch nichts erschüttert wird, der klare Verstand, der alles in Ruhe erwägt, ihr gebeugter Rücken sprach von der schweren Arbeit langer Jahre, von den vielen Mühen und Lasten, die sie für vier Söhne und eine Tochter... mit Geduld ertragen... Was für ein Wille, welche Energie waltete in diesem gebrechlichen Körper! So waren die Eltern beschaffen, die drei Söhne studieren ließen, obwohl sie an einem Ort wohnten, der keine höhere Schule besaß...«

3 Johanna und Julius Chodziesner, Gertrud Kolmars Großeltern väterlicherseits
Photographie »Zur Erinnerung an den Sommer 28./8. 1906.« 9,0×14 cm.

4 Ludwig Chodziesner: Zwei Erzählungen aus der Gerichtspraxis
Der Kuppler. Skizze von Ludwig Chodziesner
Berliner Tageblatt, 16. Mai 1904. Gezeigt die Seite 1.
Die Obduktion. Eine Erinnerung von Ludwig Chodziesner
Familienblatt. Tägliche Unterhaltungsbeilage zur Berliner Morgen-Zeitung, 25. September 1904. – Gezeigt werden die Seiten 2 und 3.

»Es war vor zwanzig Jahren im Herbst.

Da saß in der Amtsstube des königlichen Amtsgerichts zu Schwachenhagen der alte Rat Humbert an einem langen, mit grünem Tuche ausgeschlagenen Tische und ihm gegenüber sein Referendarius, der sich noch in den Flitterwochen des Referendariats befand...

Auf der gegenüberliegenden Seite: Ausschnitt aus 1/1.

Zur Erinnerung an

28/8. 1906.

Gertrud Kolmars Großeltern väterlicherseits, Johanna und Julius Chodziesner (s. 1/3), aufgenommen im Hause Ahorn-Allee 37 in Berlin-Charlottenburg am 45. Geburtstag ihres Sohnes Ludwig Chodziesner.

Der Rat Humbert war das Muster eines altpreußischen Richters, aufrecht und selbstbewußt nach oben, freundlich und hilfsbereit nach unten... Von weit und breit kamen die Landleute, besonders Witwen und Waisen, um sich bei dem ›Herrn Obervormund‹, wie sie ihn nannten, Rat zu holen.

Er wurde gefragt, ob die Bertha den Wilhelm heiraten, der Fritz Stellmacher werden, ob eine neue Kuh angeschafft, das alte Pferd verkauft werden sollte. Niemand verscheuchte er durch Unnahbarkeit...

Am anderen Tage fuhren sie mit zwei kräftigen Rappen die holprige Landstraße dahin. Es war frisch, die Morgenluft rötete die Wangen und stimmte die Menschen froh.

Den Pferden hatte der Hafer geschmeckt. Sie trabten lustig und nickten ausgelassen mit den langmähnigen Köpfen. Ab und zu scheuchten sie die Wespen und Hornissen mit den buschigen Schwänzen.

Auf den Feldern ringsum war groß und klein mit dem Ausmachen der Kartoffeln beschäftigt, der Hauptnahrung aller derer, denen jeder neue Tag von neuem die Sorge um das tägliche Brot bringt.

Kinder schichteten das braune Kartoffelkraut zu großen Haufen, zündeten es an und warfen Erdäpfel zum Rösten hinein. Lustig prasselten die Flammen gleich Freudenfeuern über den reichen Erntesegen, und der Wind wirbelte die grauen Rauchwolken über die von der Herbstsonne vergoldeten Fluren.

Der junge, lebhafte Referendar kürzte den langen Weg durch Studentengeschichen, lustige und auch gar traurige.« *(Ausschnitt aus: ›Die Obduktion‹)*

Die Mutter. Gertrud Kolmars Mutter, Elise Chodziesner, geb. Schoenflies, stammt aus einer alten Kaufmanns- und Gelehrtenfamilie, deren Zweige seit Jahrhunderten in der Mark Brandenburg, in Pommern und in Posen ansässig waren. Der älteste nachgewiesene Vorfahre, Simon Marcus (*um 1667) aus Landsberg an der Warthe, erwarb 1717 ein Privileg als »Schutzjude«, was bedeutete, daß er und ein Teil seiner Nachkommen schon im 18. Jahrhundert weitreichende bürgerliche Rechte genossen. Seit Beginn der Emanzipation der deutschen Juden bemühten sich diese um den Aufstieg ins Bürgertum, speziell ins »Bildungsbürgertum«. Ein solcher Aufstieg gelang einer ganzen Reihe von Vorfahren Gertrud Kolmars aus der mütterlichen Linie bereits in der ersten Hälfte des 19. Jahrhunderts; und aus der ab 1840 geborenen Generation gingen bereits namhafte Gelehrte hervor: die Mathematiker Samuel Schoenflies (*1840) und Arthur Schoenflies (1853–1928) sowie der Archäologe Gustav Hirschfeld (1847–1895).

5 Stammbaum der Familie Schoenflies

Der Stammbaum wurde von Gertrud Kolmars Schwager Peter Wenzel (1933) sowie von ihrer Schwester Hilde Wenzel (1961) nach den ›Aufzeichnungen zur Familiengeschichte‹ von Moritz Schoenflies (s. *Nr. 1/6*) sowie nach anderen Unterlagen zusammengestellt. Er liegt als Faltblatt bei.

6 Moritz Schoenflies: Aufzeichnungen zur Familiengeschichte

Entstanden 1875. Typoskript unbekannten Datums (Durchschlag), 11 Bl. (21 S.). – Gezeigt Blatt 1.

Der Zigarrenfabrikant Moritz Schoenflies (1812–1886), Urgroßvater der Dichterin, schuf die materielle Grundlage für den Aufstieg seiner Söhne in die gut situierte Kaufmannschaft beziehungsweise ins akademische Bürgertum. Er wurde in Schwerin an der Warthe geboren, kam 1825 in Landsberg an der Warthe in die Lehre und gründete 1837 »mit [s]einen zehnjährigen Ersparnissen« ein eigenes Unternehmen. Der anschließende soziale Aufstieg der Familie verlief entsprechend den Möglichkeiten, die die fortschreitende politische Emanzipation den deutschen Juden etwa ab der Jahrhundertmitte bot. Moritz Schoenflies erwähnt denn auch die Tatsache, daß er selbst »seit 1849 (1851) bis heute noch, ununterbrochen Stadtverordneter, Vorstandsmitglied mehrerer Vereine« gewesen ist, vor allem aus dem Grunde, »um den Umschwung in der politischen und bürgerlichen Gesetzgebung zu kennzeichnen, welcher seit meiner Lehrzeit bis zu meiner Niederlassung und weiterhin sich vollzogen hat«.

Seine genealogischen Aufzeichnungen enthalten nicht nur Hinweise auf politische Bedin-

schildern auch an verschiedenen Beispielen das soziale Verhalten der deutschen Juden, die zum Ende des 18. Jahrhunderts noch eine der ärmsten Randgruppen der Bevölkerung gebildet hatten. Mitteilungen über Stiftungen zur Ausbildung Mittelloser, über Bereitstellung von Pflege- und Wohnstellen für Waisen, Schüler und Studenten ziehen sich wie ein roter Faden durch dieses Dokument. So schreibt Rolf Tiedemann zu den Darstellungen von Moritz Schoenflies, in sie sei »manches von den objektiven Bedingungen eingeflossen, unter denen das aufstrebende jüdische Bürgertum sich in Preußen befand« (›Walter Benjamin. 1892–1940‹, S. 11).

Die Familie Chodziesner besaß eine Abschrift der ›Aufzeichnungen‹, deren Original von Schoenflies auf die Familie Benjamin übergegangen war (heute: Theodor W. Adorno Archiv in Frankfurt am Main).

Auszug aus den ›Aufzeichnungen‹. »Das Civilstandesregister welches bei dem Oberpfarramt in Schwerin a. W. einzusehen, bekundet daß ich am 18. Januar 1812 geboren bin. Mein Vater Isaac Abraham Schoenflies verheirathete sich 1811 mit Esther geb. Moses Levin von hier (cfr. Synag. Reg.)

Mein Großvater (Abraham Sch.) väterlicherseits wohnte zur Zeit ebenfalls in Schwerin a. W., stammte aus dem Städtchen Schoenfliess in der Neumark, über dessen Voreltern genauere Nachrichten nicht weiter zu erlangen waren, als daß die ältesten Einwohner genannter Stadt sich nur noch der Namen jener Familien zu erinnern wußten. ...

Meine Ahnen mütterlicherseits ist mir gelungen bis zu einer viel früheren Zeit zu ermitteln...

1. Simon Marcus, Tabelle 1716, wohnte seit 19 Jahren in Landsberg also seit 1697 (da Kurfürst Friedr. Wilh. den ersten Juden 1671 in den Mark Brandenburg wieder aufgenommen, so gehört er mit zu den ersten der Begünstigten), konnte demnach 1667 geboren sein; sein Privilegium als Schutzjude mit dem Rechte, dasselbe auf zwei oder drei Kinder zu übertragen datiert von 1717.«

7 Georg Schoenflies, Großvater Gertrud Kolmars mütterlicherseits

Photographie J. C. Scharwächter, Berlin (Reproduktion).

Georg Schoenflies (1841–1894) übernahm 1868 das »Tabak- und Cigarren-Fabrik-Geschäft« seines Vaters Moritz und führte es erfolgreich – ab 1878 in Berlin – weiter. Zudem engagierte er sich als Handelsrichter sowie in zahlreichen bürgerlichen Vereinen und wurde 1892 »angesehener Stadtverordneter« der Fraktion der Linken und der neuen Linken in Berlin. 1868 schloß er die Ehe mit seiner Cousine Hedwig Hirschfeld; die älteste Tochter aus dieser Ehe, Pauline (1870–1930), wurde die Mutter Walter Benjamins, die zweitgeborene, Elise (1872–1930), die Mutter Gertrud Kolmars.

Gertrud Kolmars Großeltern mütterlicherseits, Hedwig und Georg Schoenflies (s. 1/7 und 8)

8 Hedwig Schoenflies, geb. Hirschfeld, Großmutter G. Kolmars mütterlicherseits
Photographie. (Reproduktion).

Gertrud Kolmars Großmutter Hedwig Schoenflies galt als »unstet und ungleich«, »unruhig«, ein Gegenpol zu dem »ausgeglichenen, heiteren Großvater« (Hilde Wenzel, Gertruds Ahnen, unveröffentlicht). Und doch war sie für ihre Enkelkinder eine wichtige, ein wenig geheimnisvolle mütterliche Identifikationsfigur. Walter Benjamin beschwor die Erinnerung an sie in dem Kapitel ›Blumeshof 12‹ seiner ›Berliner Kindheit um Neunzehnhundert‹; Gertrud Kolmar widmete ihr das Gedicht ›Großmutter‹, einen inneren Monolog, in dem die Großmutter ihren Begegnungen mit den Enkelkindern, als diese klein waren, nachträumt:

> Und jeder war doch lieb und war ein Kind
>
> Und hatte frische Augen, reif zum Wunder,
> Das, Born und Blume, aus den Stoffen sprang –
> Heut ist wohl alles dies ein Narrenplunder…

9 Moritz Schoenflies an seine Enkelin Martha Schoenflies, die jüngste Schwester von Gertrud Kolmars Mutter Elise Schoenflies

Landsberg, 26. April 1885. Postkarte.

Moritz Schoenflies adressiert »An die Charlotten-Schülerin der 7. Klasse«, und auch Hilde Wenzel hebt hervor: »Wie alle höheren Töchter aus jenem Viertel [der Berliner Westen] besuchten unsere Mutter und ihre drei Schwestern die Charlottenschule mit ihrem Direktor Goldberg...« *(Gertruds Ahnen, unveröffentlicht)*.

Shulamit Volkov sieht im damaligen Bildungsstreben jüdischer Familien, das zunehmend auch den Töchtern galt, einen Indikator »für die Einzigartigkeit jüdischer privater Kultur im Wilhelminischen Deutschland« *(Volkov, S. 142)*.

10 Georg Schoenflies an seine Tochter Martha Schoenflies

Berlin, 23. Juli 1890. Postkarte.

Ilmenau, 7. August 1890. Postkarte.

Auf der Postkarte aus Ilmenau sind zwischen, unter und neben seinen großzügigen Schriftzüge die seiner Frau Hedwig plaziert: »Papa wollte nicht erlauben, daß ich einen Gruß unter diese inhaltreiche Karte setze, doch da ich immer gehorsam bin, so auch dieses Mal...«

11 Visitenkarte von Georg Schoenflies

»Handelsrichter beim Königl. Landgericht I und Stadtverordneter«

12 Amtlicher stenographischer Bericht über die Sitzung der Stadtverordneten-Versammlung am 15. November 1894. No 35.

Herausgegeben vom Magistrat zu Berlin.

Der stellvertretende Vorsteher Michelet eröffnete die Sitzung mit einer Würdigung des am 13. November verschiedenen Stadtverordneten Georg Schoenflies und bestimmte eine Abordnung des Berliner Stadtrats, die an den Trauerfeierlichkeiten teilnehmen sollte. Er schloß seine Ausführungen folgendermaßen: »Diejenigen Herren, die sich außer den bereits deputirten ebenfalls an der Trauerfeier beteiligen wollen, mache ich darauf aufmerksam, daß sie in Amtstracht mit der Kette erscheinen sollen.«

Die Bestattung von Georg Schoenflies »fand unter Beteiligung fast sämtlicher Stadtverordneten Berlins... statt«, heißt es in einem nicht näher gekennzeichneten Zeitungsausschnitt.

Der Tod von Georg Schoenflies am 13. November 1894 hat seine gerade zweiundzwanzigjährige Tochter Elise, die seit dem 25. März mit dem Rechtsanwalt Ludwig Chodziesner verheiratet war, schwer erschüttert. Nach Aussagen von Hilde Wenzel haben »Kummer und Schmerz« eine verfrühte Geburt der ersten Tochter Gertrud ausgelöst. Tatsächlich steht die früheste Lebenszeit der Dichterin im Zeichen der Trauer ihrer Mutter über den Verlust ihres eigenen Vaters.

13 Anzeigen zum Tode von Georg Schoenflies

Nicht datierte Zeitungsausschnitte aus Berliner (?) Zeitungen.

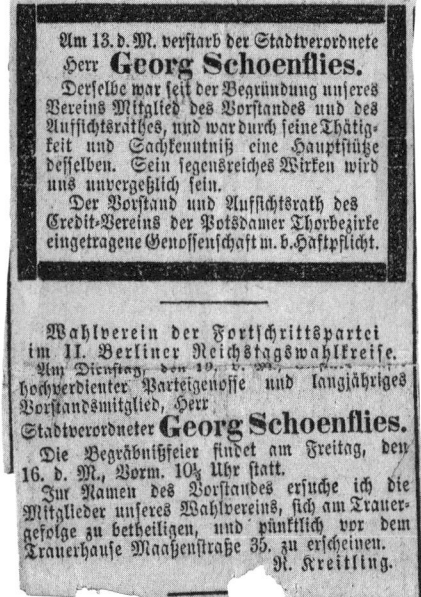

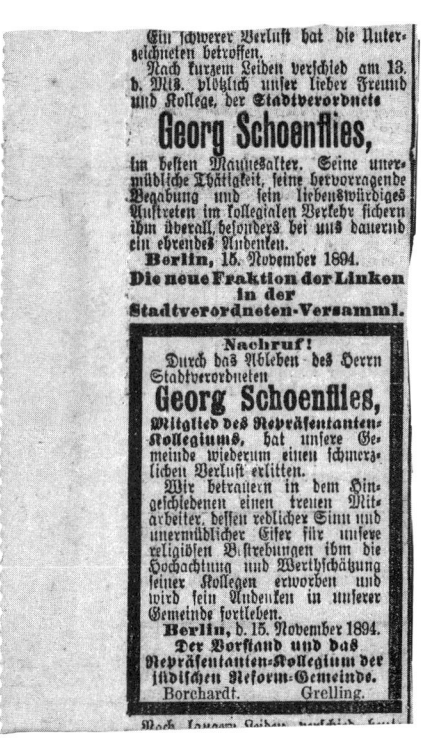

14 Hedwig Schoenflies an ihre Kinder

Smyrna, 10. April 1907. Handschriftlicher Brief, 1 Bl. (2 S.)

Hedwig Schoenflies berichtet hier von einer stürmischen Meeresfahrt. Auch Walter Benjamin bezeugt in der ›Berliner Kindheit um Neunzehnhundert‹ die Reiselust seiner Großmutter: »Wenn man die alte Dame auf ihrem teppichbelegten und mit einer kleinen Balustrade verzierten Erker, welcher auf den Blumeshof herausging, besuchte, konnte man sich schwerlich denken, wie sie große Seefahrten oder gar Ausflüge in die Wüste unter Leitung von ›Stangens Reisen‹ unternommen hatte, an die sie sich alle paar Jahre anschloß.«

2 Familie (2)

1 Elise, geb. Schoenflies, und Ludwig Chodziesner. Hochzeitsphotographie von Gertrud Kolmars Eltern

Photographie E. Bieber, Berlin, 25. 3. 1894. 14,4 × 10,3 cm.

2 Elise Chodziesner an Rebecka Chodziesner

Capri, 14. April 1894. Handschriftlicher Brief, 1 Bl. (4 S.)

Elise Chodziesner berichtet ihrer Schwägerin über einzelne Stationen ihrer Hochzeitsreise: Florenz, Rom, Capri.

Ihr Briefbogen ist mit einer kleinen Schwarz-weiß-Abbildung eines Raffael-Bildes, der Madonna della Sedia, verziert. Sie vermerkt daneben:»Das Original sahen wir in Florenz, es ist wunderbar.«

Das Motiv dieses Aufdrucks ist dem der Madonna Tempi aufs engste verwandt – jener Madonna Raffaels, die Gertrud Kolmar zu dem Gedicht ›Madonna aus dem Hause Tempi‹ inspirierte.

3 Geburtshaus Gertrud Kolmars in der Poststraße 14, Berlin

Photographie Bartels, Berlin, Oranien-Str. 81–82. Um 1890. 23,4 × 16,5 cm (Märkisches Museum, Berlin)

4 Geburtsurkunde für Gertrud Käthe Chodziesner, geboren am 10. Dezember 1894, »Vormittags vier ein viertel Uhr«

Eintragung in das Geburtenregister des Standesamtes Berlin Mitte am 1. Dezember 1894 (Reproduktion. Standesamt Mitte. Berlin).

5 Elise Chodziesner an ihre Schwägerin Rebecka Chodziesner

Berlin, 31. Januar 1895. Handschriftlicher Brief, 1 Bl. (4 S.).

»Meine liebe Rebecka!

Wenn ich bis jetzt gezögert habe, Dir einige herzliche Zeilen zu senden, so mußt Du es mir nicht verargen – Trudchen hat Schuld. So ein kleines Wesen regiert das ganze Haus, und da das Mädchen ziemlich unbrauchbar ist, das ich für sie habe, so besorge ich beinahe alles allein. Es macht mir dies natürlich viel Vergnügen, aber es kostet auch demgemäß viel Zeit… Nun noch einige Worte von unserem kleinen Trudchen, und ich schließe für heute. Ich wünschte, Ihr könntet sie einmal sehen, unsere süße Maus. Sie sieht schon ganz vernünftig aus und lacht schon ganz vergnügt mit ihren hellen Äuglein…«

**Auf der gegenüberliegenden Seite: Gertrud Kolmars Eltern, Hochzeitsbild (s. 2/1).
Originalgröße**

E. Bieber, K. Bayer, Hof-Photograph. Hamburg, Neuer Jungfernstieg 20.
BERLIN W. Leipzigerstrasse 128.

Shop signage on building facade:
D. TOBIAS
H. Poppenburg. **Leder-Handlung.** **Adolf Pültz.**

BARTELS, Photograph.

Berlin, Oranien-Str. 81-82.

Post Strasse № 14.

XI. 3946.

6 Gertrud Kolmar, etwa zweieinhalbjährig, mit der Schwester Margot

Photographie, um 1897. 14,8×9,6 cm (Reproduktion).

7 Gertrud Kolmar, dreieinhalbjährig

Photographie Selle und Kuntze, Potsdam, 18. 9. 1898. 9,2×5,9 cm. Elise Chodziesner vermerkt auf der Rückseite:»Trudchen gratuliert. D. 18. 9. 98.«

8 Gertrud Kolmar, neunjährig, mit den Geschwistern Georg und Margot

Photographie Paul Schückert, Berlin,»etwa 1903« (Hilde Wenzel). 14,3×10,5 cm.

9 Ludwig Chodziesner, der Vater Gertrud Kolmars

Photographie Martin Balg, rückseitig datiert »1. Juni 1903, Westend«. 8,8×6,0 cm.

10 Elise Chodziesner, die Mutter Gertrud Kolmars

Photographie Martin Balg, Berlin, um 1903. 8,8×6,0 cm.

11 Elise Chodziesner

Photographie,»um 1900« (Hilde Wenzel). 10,9×8,3 cm.

12 Ludwig Chodziesner zu Pferd

Photographie. 13,8×8,9 cm.

13 Ludwig Chodziesner (rechts?) mit seinen Brüdern Max und Albert und seinen Kindern Gertrud, Margot und Georg

Photographie. 8,5×11,5 cm.

14 Haus der Familie Chodziesner, Ahorn-Allee 37

Photographie. 11,4×8,3 cm.
Das Geburtshaus von Gertrud Kolmars Geschwistern Georg und Hilde.

15 Elise Chodziesner mit ihren Kindern Gertrud, Margot und Georg

Photographie. 11,3×8,7 cm.

16 Hedwig Schoenflies, geb. Hirschfeld, mit den Enkelkindern Walter Benjamin und Gertrud Kolmar

Photographie um 1900 (Reproduktion).

Auf der gegenüberliegenden Seite: Geburtshaus Gertrud Kolmars (s. 2/3)

Gertrud Kolmar, zweieinhalbjährig, mit der Schwester Margot
(s. 2/6)

Auf der gegenüberliegenden Seite: Gertrud Kolmar, neunjährig, mit den Geschwistern
Margot und Georg (s. 2/8). Originalgröße

CHARLOTTENBURG,
Berlinerstr. 112 Ecke Krummestr.

Die Kinder Benjamin und Chodziesner (s. 2/17)

17 Die Kinder Benjamin und Chodziesner

Photographie, 1906. 10,7×16,4 cm. (Michael Benjamin, Berlin)
Von links: Georg Benjamin, Georg Chodziesner, Hilde Chodziesner, Walter Benjamin, Dora Benjamin, Margot Chodziesner, Gertrud Chodziesner

Einsamkeit. Trotz der liebevollen Aufmerksamkeit, die ihr als erstgeborener Tochter entgegengebracht wurde, trotz des wohlhabenden, kultivierten Milieus, in dem sie aufgewachsen ist – Gertrud Kolmar hat keine glückliche Kindheit erlebt; es stand, wie sie selbst später vorsichtig formulierte, »kein wolkenlos blauer Himmel über meiner Kindheit und Jugend« (›Briefe‹, S. 51). Warum dies so war, dafür versuchte ihre Schwester in einer Fragment gebliebenen Biographie Erklärungen zu finden. Wenn ihr dies auch nur unvollkommen gelang, wenn Hilde Wenzel, die elf Jahre Jüngere, diese Phase in der Geschichte ihrer Familie auch nur vom Hörensagen kannte, so sind doch in ihrer Darstellung einige wichtige Informationen über die frühe Kindheit Gertrud Kolmars enthalten.

»…dieses Mädchen ist in die falsche Zeit hineingeboren, in die satte, zufriedene Epoche des ausgehenden Jahrhunderts, und diese gutbürgerliche Lebensform entsprach kaum ihren eigenen, ganz anders gearteten Gegebenheiten. *Dazu kam, daß sie sehr allein war.* [Dieser Satz wurde im Typoskript wieder gestrichen, zweifellos um den Sachverhalt im folgenden Text in etwas milderer Form wiederzugeben.] Der ihr sehr wesensverwandte Vater ist zu jener Zeit noch völlig von seinem Beruf in Anspruch genommen. Bei Tisch dürfen die Kinder nicht sprechen, alle Unruhe, aller Lärm muß von ihm ferngehalten werden. An den Abenden jedoch gab es viele gesellschaftliche Verpflichtungen in- und außerhalb des Hauses, an denen die Kinder naturgemäß nicht teilhatten. Die Mutter, eine lebenslustige, gastfreundliche Frau mag diese mehr genossen haben als der Vater. In der übrigen Zeit widmete sie sich dem Haushalt und an den Sonntagnachmittagen füllten sich Haus und Garten mit der zahlreichen Verwandtschaft. Blieb da wohl Zeit für das kleine Mädchen, das sich manchmal vereinsamt gefühlt haben mag. Photographien aus jener Zeit zeigen ein beinahe unkindlich ernstes Gesicht, interessant, aber nicht schön, in dem besonders die großen dunklen Augen auffallen. Es ist kaum vorstellbar, daß dieses Kind wie andere gespielt, getollt haben soll.«

Die Einsamkeit des Kindes erwuchs ohne Zweifel aus einer sehr frühen, nachhaltigen Störung in der Beziehung zu seiner Mutter. Diese Störung stand vermutlich im Zusammenhang mit der Geburt der Schwester Margot im Januar 1897, als Gertrud zwei Jahre und einen Monat alt war; sie kann sich aber schon vorher, in bestimmten Phasen der Loslösung von der Mutter, angebahnt haben. Jedenfalls war das Verhältnis Gertruds zu dieser Schwester stets gekennzeichnet durch Gefühle von Eifersucht und Rivalität, die die Mutter nicht zu lindern verstand.

Die Folgen der frühen Beeinträchtigung ihrer Mutterbeziehung waren für die Biographie Gertrud Kolmars horrend. Weil die Mutter sie nicht (mehr) hinreichend lieben und anerkennen konnte, kam es zur Störung in der Beziehung des Kindes zu sich selbst und damit zur Entwicklung eines unsicheren, schwankenden Selbstwertgefühls. Die andere schwerwiegende Konsequenz war, daß sich das Mädchen fortan auch nicht mit der weiblichen Rolle, wie sie die Mutter ihr vorlebte, identifizieren mochte; die Mutter wurde ihr nicht gerecht, so wurde sie zum »Kummer der Mutter«:

»Zum Kummer der Mutter legte sie sogar als Heranwachsende auf hübsche Kleider keinen Wert und zog sich recht unvorteilhaft an. Auch später verschmähte sie Luxus und Eleganz und war immer und mit allem zufrieden.« (Hilde Wenzel, ›Nachwort‹, S. 596).

Alles Äußerliche, hübsche Kleidung, Geplauder, »Charme«, wie ihn die Mutter versprühte, leichtes Amüsement, wurde als minderwertig empfunden und abgelehnt, und bald sollte sich, verstärkt durch die Zweifel am eigenen Wert, verstärkt auch in hohem Maße durch eine die Geschlechter polarisierende Kultur, das Gefühl der Minderwertigkeit auf das »Weibliche« an sich erstrecken; diese sehr tief reichende Ablehnung des Weiblichen, die sich beispielsweise in einem »ununterdrückbaren Widerwillen gegen jede zu nahe seelische Berührung mit Gleichgeschlechtlichen«, einer »seelische Homophobie« (›Briefe‹, S. 142 f.) äußerte, sollte ebenso nachhaltig ihren Charakter prägen wie die Ablehnung alles »Oberflächlichen«, »Äußerlichen« und Gesellschaftlich-Leichten – die

Welt der Mutter, die Welt der lebenslustigen Bourgeoisie. Diese Haltung aber hatte wieder Rückwirkungen auf die Beziehungen Gertrud Kolmars nach außen, die nun, negativ, wie sie verlaufen mußten, ihr Selbstwertgefühl, ihr Selbstgefühl und ihr Gespür für die Realität der »anderen« weiter beschädigen mußten. Ein Teufelskreis war in Gang gesetzt, der sich mit jeder neuen Erfahrung selbst verstärkte.

Besondere Bedeutung bekam die eigene Unsicherheit im Weiblichen im Hinblick auf die sich allmählich entwickelnde Beziehung zum anderen Geschlecht. Von der Mutter enttäuscht, konzentrierte sich das Mädchen in seinem Begehren nach Identifikation und nach einer Liebesbeziehung ganz auf den Vater. In ihrem Bewußtsein wurde er ein unvergleichlicher Held, ein Großer, ein Einsamer; zwar hatte sie in der Realität nicht viel Umgang mit ihm, da er stark von seinem Beruf absorbiert war, doch um so wichtiger, eindrucksvoller und erregender wurde er für sie in der Phantasie. Sie mochte so sein wie der Vater, und sie mochte, von der ödipalen Phase an, ihn für sich allein haben. Es drängte sie nach seinem Vorbild hinaus in eine abenteuerliche Welt – ihre Erinnerungen an ihre Kindheit sind voller Anspielungen darauf, wie sehr sie das »Abenteuerliche« lockte –, und sie hatte, anders als ihre Schwester Hilde sich das vorstellen konnte, durchaus Freude am Herumtollen, am Schwimmen, Vom-Turm-Springen, Rodeln, Verstecken in geheimnisvollem Dickicht, in verlassenen Buden, in düsteren Kellergängen. Und sie mochte auch so heldenhaft sein, wie Vati es war in ihrer Phantasie:
»Die früheren Jahrzehnte, in denen es uns ›sehr gut‹ ging, waren nichts für mich, sie erforderten Eigenschaften, meist geselliger, gesellschaftlicher Art, die mir großenteils mangelten; was aber die jetzige Zeit verlangt, das hab' ich ganz und gar, dem Heute bin ich gewachsen. Schon als Kind wäre ich gern eine Spartanerin gewesen, später wollte ich jedenfalls eine Heldin sein. Ich drängte Mutti, die spartanische schwarze Suppe zu kochen, und aß unsere Linsensuppe schon deshalb so gern, weil Vati gemeint hatte, das sei sie. Und eines Tages hielt ich in der Küche die Hand ins offene Herdloch, um Mucius Scävola nachzuahmen. Heute habe ich's nicht mehr nötig, zu Nachahmungen zu greifen; ich kann, was in meiner Jugend nicht einmal guter Ton war, ›Original-Held‹ sein (ohne daß es unangenehm auffällt).« (›Briefe‹, S. 160)
Sie durfte sie aber zunächst, als es darauf ankam, nicht wirklich vollziehen, diese Identifikation mit dem Vater, denn die galt nicht als »guter Ton«. Und sie wäre dazu auch nicht in der Lage gewesen: Um sich – mit einem Teil – der väterlichen Eigenschaften zu identifizieren, hätte sie eines Halts, einer Balance im Weiblichen bedurft, hätte sie sich in der mütterlichen Anerkennung geborgen fühlen müssen. So blieb sie auf halbem Wege stecken, vermochte sich kaum mit dem »Weiblichen«, aber auch nicht entschieden mit dem »Männlichen«, etwa mit dem Streben des Vaters nach Autorität und Selbstverwirklichung, zu identifizieren. Und sie wußte später, in ihrem Brief-Dialog mit der Schwester, daß ihr diese Haltung im Leben geschadet hat:

»Und wenn Du meinst, daß Du glücklicher wärst, wenn Du eine andere weniger ›männliche‹ Einstellung hättest, so muß ich leider bekennen, daß ich viele, viele Jahre meines Lebens hindurch minder unglücklich gewesen wäre, wenn ich selbst solche ›männliche‹ Einstellung gehabt und meinen Beruf nicht bloß als eine Art Notbehelf betrachtet hätte.« (›Briefe‹, S. 9)

Das Männliche aber blieb übergroß in der Phantasie, nur die absolute Demut und die Bereitschaft zum Opfer konnten ein Gegengewicht bilden. Das Opfer des eigenen Ich, immer wieder beschworen in ihrem Werk, immer wieder durchlebt in neuen und alten Mythen, etwa in der Geschichte von Jephthas Tochter aus dem Buch ›Richter‹ des Alten Testaments, die der Vater selbst opfert, wurde eine Art Leitmotiv ihres Lebens. Dessen Unglück läßt sich schlüssig aus der frühesten Kindheit herleiten. Auch die erhaltenen Kinderphotos weisen in die gleiche Richtung. Versenkt man sich in sie, so kann man aus den Bildern der Fünf- bis Zwölfjährigen schon eine Abwehrhaltung herauslesen – Verschlossenheit, Rückzug auf eine eigene innere Welt, wenn man sich auch dem Urteil »nicht schön«, das wiederum auf geschwisterliche Rivalität zurückzugehen scheint, nicht anschließen möchte. Das Bild der Dreijährigen aber zeigt Verstörung, Verwundung, Tragik. Ein hilfloses Kind, das seine Gefühle nicht mehr von der Mutter geteilt weiß. Ein Kind, das sich nicht nur »machmal vereinsamt« sondern in seiner Seele fast immer »sehr allein« vorgekommen ist.

Das Erbe dieser Kindheit, das Gertrud Kolmar Zeit ihres Lebens aufs schwerste belasten mußte, war ein zweifaches: Eine unstillbare Sehnsucht nach der zu früh entbehrten innigen Nähe zur Mutter und das Bedürfnis nach Selbstaufopferung in der Beziehung zur Welt.

Über Leben und Werk der Dichterin steht wie ein Symbol des Fehlenden Raffaels Bildnis der ›Madonna Tempi‹, eine der größten Darstellungen der Nähe und Vertrautheit zwischen Mutter und Kind. Diesem Bild hat Gertrud Kolmar das erste Gedicht ihrer ersten Veröffentlichung von 1917 gewidmet:

O Mutter! Deren Arm ein All umspannt!
So süß entzückt, mit schüchternem Begreifen,
So zitternd trägt ihr Blümlein deine Hand
Und wagt es kaum, den zarten Schmelz zu streifen...

Ich knie nicht vor der Himmelskön'gin Thron,
An einem Frauenglück möcht teil ich haben;
Ich grüß die Mutter mit dem kleinen Sohn,
Nicht die Madonna mit dem Jesusknaben.

(›Madonna aus dem Hause Tempi‹, Strophen 1 und 5)

Jena 24. Juli 1910.

St. Helena.

Wie ist es still in dunkler Mitternacht! —
Der Wind weht übern weiten Meer so sacht.
Am Himmel strahlen Sterne groß und klein,
Im Wasser spiegelt sich des Mondes Schein.

3 Geburt der Dichterin

Es gibt ein paar Dokumente aus Gertrud Kolmars Jugend, je ein Gedicht der Vierzehn- und Fünfzehnjährigen, zwei Einträge in Poesiealben – von Hilde Wenzel glücklicherweise aufbewahrt –, die einen Eindruck von der Ernsthaftigkeit ihres frühesten Gestaltens, von der Präzision und Ästhetik ihres Schaffens in dieser Lebensphase vermitteln können. Aber auch der um 1912 entstandene Zyklus ›Napoleon und Marie‹ und die 1917 erschienenen ›Gedichte‹ sind Zeugnisse der Geburt einer Dichterin – aus einer spezifischen Begabung und aus einer bestimmten seelischen und physischen Lebenslage heraus. Umgekehrt lassen die frühen Dichtungen aber auch Rückschlüsse zu auf die Weiterentwicklung, die Eskalation der frühkindlichen Problematik in der Pubertät und in der tragisch endenden ersten Liebesbeziehung.

Zunächst zur Entwicklung der Dichterin. Erstaunlicherweise finden sich schon in den beiden frühesten Texten nicht nur eine untergründige Symbolik, sondern auch eine ganze Reihe von Motiven, die in der späteren großen Dichtung zentrale Bedeutung erlangen sollen. In ›Weihnacht in der Heide‹ von 1908, das man wegen der noch spürbaren Kindlichkeit der Verfasserin fast übersehen könnte, sind mehrere solcher Motive gestaltet. Etwa das Motiv des Kleides, eines Gegenstandes, der Identität verhüllt und gleichzeitig neue Identität erschafft und damit bereits das Verwandlungsmotiv vorwegnimmt; das Motiv des Schleiers, später auch der Spinnweben und ähnlicher Gewebe, die das Kleidermotiv variieren; das Motiv der Nacht, die einen geheimnisvollen Raum für ein einsam wachendes, liebendes, hoffendes, nicht zuletzt ein dichtendes Ich erzeugt; das Motiv des Engels – hier scheinbar noch ganz aus der kindlichen Erzählwelt übernommen –, einer Figur, die später eine geheimnisvolle Mittlerrolle zwischen einem liebenden Ich und einem ins Göttliche erhöhten Geliebten spielen wird; und schließlich die im räumlichen Erleben bereits stark empfundene erotische Symbolik: das einsame Haus und der kahle, aus der Landschaft herausragende Baum, zur Einheit verbunden durch die weite, weiße Heide, durch den verhüllenden Nebelschleier und durch die dunkle Nacht. Ein konventionelles Kindergedicht – und gleichzeitig eine Vereinigungsphantasie eines erwachsen werdenden jungen Mädchens. Sehnsucht erzeugt nun die Bilder und Motive in der Vorstellung der Schreibenden, und die Bilder der Realität, die sie wahrnimmt, durchtränken sich mit Sehnsucht.

Ein weiterer wichtiger Aspekt des frühen Dichtens von Gertrud Kolmar, vielleicht ihres Dichtens überhaupt, scheint darin zu liegen, daß sie sich mit dieser Tätigkeit in eine »Vaterwelt« hineinbewegte, daß sie so ihren ursprünglichen Wunsch nach Identifikation

Auf der gegenüberliegenden Seite: Das Manuskript ›St. Helena‹, Seite 1 (s. 3/2). Originalgröße

mit dem Vater verwirklichen konnte. Der klassisch gebildete Vater war es, der mit seinen geistigen Interessen, mit seiner eigenen schriftstellerischen Arbeit wie auch in seinem Lebensstil das Reich der Literatur repräsentierte. Und eine dichterische Begabung – unter allen Begabungen die von der bürgerlichen Gesellschaft mit am höchsten respektierte – mußte seine besondere Aufmerksamkeit erregen. Mit ihrer Hilfe konnte das Kind, das junge Mädchen eine besondere Beziehung zu ihm herstellen; es konnte darüber hinaus seine Gefühle in symbolischer Form offenbaren, konnte die Isolierung, in die es hineingeraten war, sprengen. Dichtung wurde zur Rettung ihres Selbst, und sie wurde, so existentiell erlebt, zu ihrem Schicksal.

1 Gertrud Kolmar: Weihnachten in der Heide
Manuskript, 1 gefalteter Bogen (3 S.)

»Weihnachten 1908«

Weihnacht in der Heide.

I.

Es breitet sich die Heide
So endlos aus, so weit
In einem weißen Kleide
Von Flocken ganz verschneit.

II.

Hier liegt im tiefsten Frieden
Ein einsam Bauernhaus
Und dort ragt, abgeschieden,
Ein kahler Baum heraus.

III.

Es webt sich wie ein Schleier
Der Nebel übers Feld,
Das ruht in stille Feier
Und nur ein Glöcklein schellt.

IV.

Doch wenn auch das verklungen
In dieser dunklen Nacht
Die Alten wie die Jungen
Rings schlafen; keins mehr wacht:

V.

Dann steigen Engel nieder
Auf die verlassne Flur
Und singen fromme Lieder
Der träumenden Natur.

Gertrud.

2 Gertrud Kolmar: St. Helena

Manuskript. 1 gefalteter Bogen (3 S.) mit aufgedrucktem Bildmotiv

Auch das zweitälteste Gedicht, das überliefert ist, ›St. Helena‹, das sie zum Geburtstag einer Tante verfaßte, ist angefüllt mit erotischer Symbolik. Der Held, dem es gewidmet ist, bildete in Gertrud Kolmars Jugend ohnehin einen Kristallisationspunkt weiblicher Sehnsucht; sie selbst pflegte, wie ihre Schwester sich erinnert, einen Kult um Napoleon und schmückte die Wände ihres Zimmers mit seinen Bildern.

Zum 24. Juli 1910.

St. Helena.

Wie ist es still in dunkler Mitternacht! –
Der Wind weht überm weiten Meer so sacht.
Am Himmel strahlen Sterne groß und klein,
Im Wasser spiegelt sich des Mondes Schein.

Ganz leise murmeln auch die Wogen nur,
In tiefem Schlummer lieget die Natur.
Die Weide auf des großen Korsen Grab
Neigt ihre Äste trauervoll herab.

Ein Windhauch durch die schmalen Blätter fegt,
Und leise sich die alte Weide regt.
Ein Flämmchen flimmert an dem Stamm empor,
Dem Irrlicht gleich auf trübem, braunem Moor.

Und an der Trauerweide, düster, grau,
Gespenstisch flackert es, bald grün, bald blau.
Das ist des Kaisers Seele, die entsteigt
Dem Grab, wenn alles schläft und alles schweigt.

Es ist so unheimlich, es ist so leer,
Kein einzig lebend Wesen rings umher:

Das Meer nur mit der Wellen weißem Schaum,
Die Winde und der alte Weidenbaum.
Und immer matter wird des Flämmchens Glanz,
Ein heftger Windstoß löscht es plötzlich ganz. –
Nun hat der Mond vollendet seinen Lauf,
Und Stern auf Stern verblaßt: Die Sonn' geht auf.

In der Szenerie dieses Gedichts schwebt die »Seele« eines Kaisers »unheimlich« über der Natur. Und auch die Flämmchen der Begierde, »Schlangenflämmchen, die tuscheln, höllrot und blau« (›Lyrisches Werk‹, S. 265) sind am Werk. Im magischen Raum dieser nächtlichen Landschaft besitzt das sich selbst als klein und schwach empfindende (lyrische) Ich magische Kräfte, vermag es eine Beziehung zur Seele des Großen herzustellen; eine gewaltige innere Bindung an den Vater wird erkennbar.

Er, der Große, dem kein Gleichgewicht im Bereich des Weiblichen gegenüberstand, war für das Kind, das junge Mädchen zum Inbegriff des Männlichen geworden – und nur das Überragende, Große, Priesterliche, Kaiserliche – Napoleon – etc. konnte fortan erotisches Begehren wecken. Solches Begehren wiederum ließ ein grandioses – doch wirklichkeitsfernes – Bild des Vaters im Inneren weiterbestehen; die Bindung an ihn konnte an der Tat nicht aufgegeben werden, denn in ihr allein lag, so fühlte sie, ihr Stolz, lag die Rettung ihres Selbst.

3 Gertrud Kolmar: Eintrag in ein Poesiealbum

Manuskript, 1 Albumblatt, für Charlotte Berkau

»Wer in der wirklichen Welt arbeiten und in der idealen leben kann, hat das Höchste errungen.

> Börne.

> Zum frdl. Andenken
> an Deine
> Gertrud Chodziesner.

Charlottenburg, d. 17. 2. 1911.«

4 Eintrag in das Poesiealbum ihrer Schwester Hilde

Manuskript, 4. September 1917

> Treib' im Strom
> mit kühlem Blut,
> Doch geh' nicht an den Haken,
> Und schwimmst du in vereister Flut,
> So finde stets die Waken!,

Treib' im Rosen
mit kühlem Blut,
Doch fass' nicht an das Herlein,
Und schwimmst Du in vas-
nischer Flut,
So finde statt die Werlen!

Deine Schwester
Frieda.

Rostock, d. 4/ 1911.
/9.

Deine Schwester
Trude

Westend, d. 4./9. 1917.

5 Gertrud Kolmar: Napoleon und Marie

Manuskript, ca. 1912. 46 Bl.   Gezeigt Blatt 17

Auch die frühe Dichtung ›Napoleon und Marie‹ – nach der Handschrift sowie nach inhaltlichen Kriterien zu urteilen, ist sie der Sechzehn- bis Achtzehnjährigen zuzuschreiben – bedeutet in ihrem psychischen Substrat ein Sich-Versenken, Sich-Hineinphantasieren in die »Vaterwelt«. Auch in dieser Dichtung entsteht die Liebesbeziehung zwischen dem »Kaiser« und Maria Walewska in einem magischen Raum. Maria erscheint als völlig zurückgenommen in eine Welt des Spuks, des Schattens und des Traums, und wenn sie dem Werben Napoleons erliegt, handelt sie wie in Trance. Ihr eigener Wert, ihre Bedeutung liegt nur mehr in ihrer Beziehung zu dem Großen, liegt in ihrer Teilhabe an seiner Macht. Liebe bedeutet Allmacht, vollkommenes Einssein mit dem Objekt der Liebe, und gleichzeitig vollständige Unterwerfung unter den Willen des Geliebten.

> Stolz
>
> Worte möcht ich, die so einfach sind
> Wie ein Sonnenglanz, wie Wald und Wind.
>
> Was nun ist, wird immer noch geschehn:
> Daß zwei Menschen sich in Liebe sehn,
>
> Oft noch preist Erinnerung der Welt
> Einen Namen, der ihr bald entfällt.
>
> Doch ich schwebe ob der Zeiten Schaum
> Ewig, düstr'en Flügels blauer Saum.
>
> Denn wenn Erde zuckt vor seinem Tritt,
> Bebt mein Blut, mein glühend Ängsten mit.
>
> Und dies Zucken, das den Namen spricht,
> Das verzittert im Jahrtausend nicht!

So epigonal die gesamte Napoleon-Dichtung sich auch liest, so präzis ist in ihr das Modell einer Liebesbeziehung entworfen, wie sie der Seele des Mädchens allein als möglich erschien. Hingabe bedeutet, und dies ist das Erbe aller ungelösten prädipalen und ödipalen Probleme, Aufgabe des Ich, Selbstopfer; und sie bedeutet Sünde, denn sie ist in Rivalität zur Stellung der Mutter, von vornherein mit Schuld beladen. Das weibliche Ich fühlt sich aber zu dieser Art Hingabe gezwungen, denn es erlebt im Opfer und in der Selbstaufgabe die höchste Form der Bindung an die als machtvoll empfundene Figur des Geliebten:

> Er war viel ärmer, denn er suchte Liebe,
> Ich war viel reicher, denn ich hatte Glück,
> Drum ward, was ich ihm schenkte, alles Liebe,
> Und alles, was er raubte, ward mir Glück.
>
> Und was mir Freude gab, das war sein Eigen,
> Und wo er weilt, da soll mir Heimat sein,
> Und wenn er redet, müssen Menschen schweigen.
> Und wenn er schweigt – dann redet Gott allein.
> (›Lyrisches Werk‹, S. 354)

Die vollkommene Unterwerfung und die Aufgabe des Selbst, als welche die Liebe in dieser frühen Dichtung erträumt wird, führen aber unvermeidlich zum Zusammenbruch der Beziehung, zum Verlassenwerden und zur gesellschaftlichen Ächtung. So oszilliert denn auch das Gefühl Marias zwischen ihrem Stolz über dem Angenommenwerden durch den Großen und ihrer Verzweiflung über das unausweichliche tragische Ende der Beziehung.

Die Wirklichkeit sollte sich als viel schrecklicher erweisen als alle Phantasien. Die – wahrscheinlich erste – Liebesbeziehung Gertrud Kolmars endete in mehrfacher Hinsicht tragisch, und die daraus entstandenen zusätzlichen Gefühle der Verlassenheit und der Schuld haben sie ihr Leben lang begleitet. Es heißt bei Hilde Wenzel: »Zu Anfang des Ersten Weltkrieges begegnete Gertrud dem Menschen, dem sie aus der ganzen Unbedingtheit ihres heißen Herzens alles gab, um dann, jung und unerfahren, wie sie war, bitter enttäuscht zu werden.« (›Nachwort‹, S. 397 f.)
Nach Aussagen von »Verwandten«, die Hilde Wenzel in ihrer ›Biographie‹ erwähnt, aber nicht genauer benennt, soll sich diese Affäre jedoch 1915 oder 1916 abgespielt haben. Die Wirklichkeitsferne, in der das junge Mädchen lebte, ihre Versponnenheit, ihre Gleichgültigkeit gegenüber allem Äußeren, Äußerlichen, ihre mutmaßliche, auch von ihrer Schwester unterstellte, sexuelle Unerfahrenheit, ihr unbedingter Wunsch nach vollkommenem töchterlich-demütigem Eros, dies alles führte sie in eine Beziehung, die scheitern mußte und die sie darüber hinaus vor eine Wahl stellte, die sie sich entsetzlicher wohl nicht hatte ausmalen können: Entweder mußte sie, schwanger geworden, ihr ungeborenes Kind opfern oder das Ansehen ihrer Eltern und damit womöglich die erfolgreiche Karriere ihres Vaters aufs Spiel setzen. Im Grunde aber war sie in keiner Weise eigenständig genug, sich gegen ihre Eltern zu stellen, ihnen eine »solche Schande anzutun«. Oder, wie es Hilde

Wenzel an anderer Stelle ausdrückt: »Bei ihrem stark ausgeprägten Pflichtgefühl und Traditionsbewußtsein durfte sie ihnen solches niemals antun, und das war der Grund, daß sie kein uneheliches Kind bekam.« *(Brief an Frau Barglow vom 3. Februar 1964)* Was Hilde Wenzel darüber hinaus einmal mitteilte, ist der Name des Geliebten: Karl Jodel, ein Offizier, der später, in den Widmungen einiger Gedichte, als »K. J.« auftaucht. In Gertrud Kolmars ›Gedichten‹, die 1917 erschienen, finden sich immer wieder poetisch-metaphorische Hinweise auf diese zentralen biographischen Ereignisse: die Liebe zum »Soldaten«, das Ende der Beziehung und den Verlust des Kindes.

 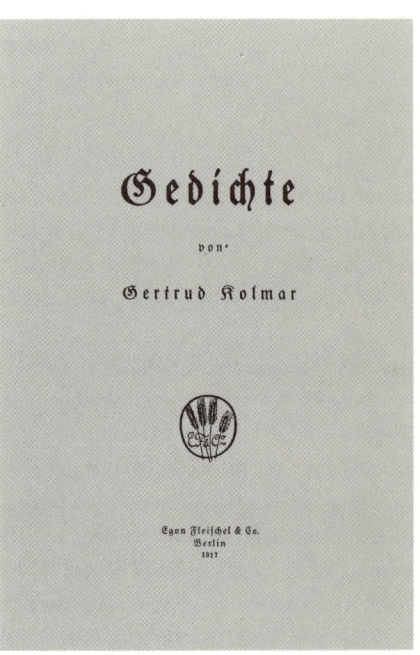

Pappband mit Titelschild und Titelblatt der ›Gedichte‹ von 1917 (s. 3/6)

6 Gertrud Kolmar: Gedichte

Berlin: Egon Fleischel & Co. 1917
Mit der handschriftlichen Widmung Gertrud Kolmars: »Ihrer Schwester Hilde zum Weihnachtsfest 1917 geschenkt von ›der Verfasserin.‹« Exlibris Hilde Wenzel. – Im Anhang die Verlagsanzeigen für die bei Fleischel erschienenen ›Gedichte‹ und ›Neben der Trommel her. Neue Gedichte‹ von Ina Seidel.

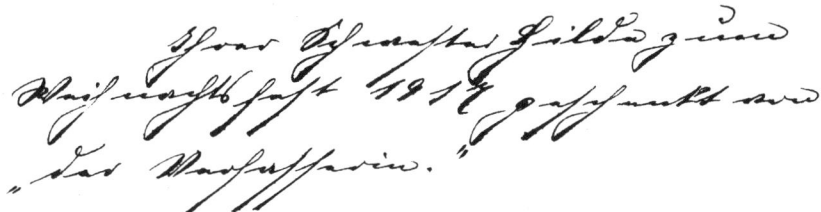

Widmung an ihre Schwester Hilde auf dem Vorsatzblatt der ›Gedichte‹ von 1917.
Originalgröße

7 Gertrud Kolmar: Mann u. Weib

Typoskript des Zyklus aus den ›Gedichten‹ mit dem handschriftlichen Vermerk »ersch. b. Egon Fleischel 1917«. 8 Bl (16 S.), mit rotem Faden geheftet, nicht datiert. – Aufgeschlagen die Seiten 6 und 7.

> ### Soldatenmädchen.
>
> ...
>
> Denn so ist dein und mein Geschick:
> Dir schuf der Schmied die Waffen;
> Den ros'gen Mund, den dunklen Blick,
> Die hat mir Gott geschaffen.
> Der Schuster hat die Schuh' gemacht,
> Die deinen Weg betraten,
> Vom Schneider hab ich meine Tracht,
> Mein Kindlein vom Soldaten.

8 »Mädchen weinen«

›Babytagebuch‹ Hilde Wenzels über ihre Tochter Sabine, etwa Juli 1936

Die beiden Tagebuchseiten von 1936 lassen erkennen, wie stark im Fühlen und Denken Gertrud Kolmars die Erinnerung an ihre frühe Liebesbegegnung mit dem Offizier ›K. J.‹ gelieben ist.

Die eingeklebte Postkarte mit einem Abschied nehmenden Offizier stammt, so kann man vermuten, von ihr, denn Hilde Wenzel schreibt auf der gegenüberliegenden Seite: »Mit Tante Trude singt sie immer ›Mädchen weinen‹ s. Bild auf der nächsten Seite. ›Morgen marschieren wir in des Bauern Nachtquartier – –‹.«
Unter der Postkarte wird zitiert:
»›Wenn wir werden scheiden, wird mein Mädchen weinen –‹«

9 Verlagskatalog von Egon Fleischel & Co.

Berlin 1919

Auf Seite 17 der Hinweis auf »Kolmar, Gertrud, Gedichte… geh. M. 2, –, geb. M. 3,50«. Nachdem der Egon Fleischel-Verlag Anfang der 20er Jahre von der Deutschen Verlagsanstalt Stuttgart übernommen worden war, tauchen die ›Gedichte‹ Gertrud Kolmars in einer Preisliste dieses Verlages von 1922 auf.

Verlag von Egon Fleischel & Co., Berlin W 9.

Knoop, Gerhard Ouckama, Aus den Papieren des Freiherrn von Skarpl. Umschlagzeichnung von Gustav Stoß. geh. M. 2,—, geb. M. 3,50.

— —, Verfalltag. Roman. Umschlagzeichnung von J. Tom.

geh. M. 3,50, geb. M. 5,—

— —, Die Hochmögenden. Roman. Mit Umschlagzeichnung von Dora Seeligmüller. geh. M. 5,—, geb. M. 6,50.

— —, Unter König Max. Roman. geh. M. 3,50, geb. M. 5,—.

Kolmar, Gertrud, Gedichte. geh. M. 2,—, geb. M. 3,50.

Krause, August Friedrich, Unter dem starken Leben. Novellen.

geh. M. 3,50, geb. M. 5,—.

— —, Sonnensucher. Roman. geh. M. 6,—, geb. M. 7,50.

— —, Flammensturm. Roman aus den Tagen des Sturzes und der Erhebung Preußens. Umschlagzeichnung von E. Märker.

geh. M. 4,—, geb. M. 5,50.

10 Heinrich Zerkaulen: Kurzbesprechung der ›Gedichte‹ von Gertrud Kolmar

Das literarische Echo. Halbmonatsschrift für Literaturfreunde, 20. Jg., Oktober 1917 bis Oktober 1918, Berlin, Egon Fleischel & Co., Sp. 1293

»Gertrud Kolmar und Franz Graetzer sind gleichfalls stimmungsverwandt, so, daß er der Inbrünstigere, sie die Glutvollere scheint. Lyrik, die in Ferne zeigt. Gertrud Kolmar gibt in ihren ›Gedichten‹ ein Frauenbuch für den Mann. Gerade, weil sie noch mitten im Erleben des großen Weibmysteriums der Liebe steht, ist ihr Bekenntnis psychologisch fesselnd für den Mann. Wenn ihr Temperament auch vorläufig noch allzusehr den Dichter in ihr beherrscht. Das wird erst dann zum Fehler, wenn in der verheißungsvollen Zukunft die Energie zur Konzentration versagen sollte.«

Vignetten vom Umschlag des Verlagskatalogs von Egon Fleischel (s. 3/9)

Titelblätter der Zeitschriften mit den ersten Besprechungen der ›Gedichte‹ Gertrud Kolmars (s. 3/10 u. 11)

11 Hans Benzmann: Gertrud Kolmar, Gedichte.

Zeitschrift für Bücherfreunde, Neue Folge 10. Jg, 1918/19, Heft 5/6, Leipzig, Verlag E. A. Seemann. Hg. von Georg Wittkowski, Sp. 267 f.

»Eines der sympathischen Frauenbücher, deren uns jetzt viele geschenkt werden. Fast immer talentvoll, fast immer ein paar Gedichte darin, die überm Durchschnitt stehen. Aber wie viele Gedichte stehen jetzt nicht überm Durchschnitt? Und doch so selten ein Gedicht – im Sinne Storms und Mörikes –, da so ganz rein und restlos lyrisch die Empfindung wiedergibt. Auch hier sehr hübsche, echt frauenhaft empfundene Mutter- und Kinderlieder, aber keins, das man ›das Mutterlied‹ oder ›das Kinderlied‹ nennen könnte.«
Die drei Abteilungen der ›Gedichte‹ sind ›Mutter und Kind‹, ›Mann und Weib‹ und ›Zeit und Ewigkeit‹ überschrieben. Benzmann fährt fort:
»Und dann ein paar passable Legenden, sorgfältig, aber zu breit ausgesponnen, ohne rechte Verve. Und Gedichte, die von verhaltener und verborgener Leidenschaft erzählen und mit Recht Forderungen des Bluts und der Sinne wie der ewigen Gefühle aussprechen. Und endlich ein paar Gedichte, die von ›Zeit und Ewigkeit‹ künden, schlecht und recht, ohne eigenartige Kraft, ohne persönliche Vertiefung. Sicherlich ein sympathisches Buch wie so viele...«

4 »Zwischen Tagespflichten«

Gertrud Kolmars Berufsweg, ihre Ausbildung als Sprachlehrerin für Englisch und Französisch und ihre Tätigkeit als Erzieherin, ist durch die beglaubigten Abschriften von Prüfungszeugnissen und Zeugnissen aus Privathäusern gut dokumentiert. Außerdem existiert ein Lebenslauf aus dem Sommer 1939, der genaue Angaben bis zu diesem Zeitpunkt wie auch Informationen über ihre Sprachkenntnisse einschließlich des Hebräischen enthält; dieser Lebenslauf und die dazugehörenden Zeugnisse waren offensichtlich als Bewerbungsunterlagen für eine Stellung im Ausland gedacht *(vgl. ›Briefe‹, S. 28; Abb. S. 113 ff.)*.

So glänzend alle ihre Zeugnisse sind, so imposant es wirken mag, daß Gertrud Kolmar kontinuierlich tätig und gleichzeitig auf eine ständige Erweiterung ihrer Kenntnisse bedacht war, so wenig hat sie all dies als emanzipatorischen Schritt, als »weiblichen Freiraum« aufgefaßt, wie man es heute nennen würde. Das, was sie im persönlichen Leben vermißt hat, konnte ihr der Beruf nicht geben. Sie sagt es sehr deutlich. Sie versucht es auch ihrer Schwester verständlich zu machen, als sie sich nach der Trennung 1938 ihr endlich eröffnen, mit ihr über ihre Gefühle sprechen kann: ihr Beruf war nur ein Notbehelf. Sie erinnert daran, daß sie schon während ihrer Dolmetscherzeit 1918 »sofort bereit gewesen wäre, die gesamte Post stehn und liegen zu lassen, wenn – –« (*›Briefe‹, S. 9*).

Nach ihrem Schulabschluß an der privaten – zehnklassigen – Höheren Mädchenschule Klockow besuchte sie 1911 die hauswirtschaftliche Frauenschule Arvedshof bei Leipzig; 1915 war sie in einem Kinderhort tätig; im Mai 1916 bestand sie die Sprachlehrerinnenprüfung für Französisch, im Oktober 1916 die für Englisch. Vom 1. November 1917 bis zum 30. November 1918 war sie Briefzensorin im Kriegsgefangenenlager Döberitz bei Potsdam, und von August bis Oktober 1919 datiert ihr erstes Zeugnis als Erzieherin und Sprachlehrerin. Die vorliegenden Zeugnisse ergeben dann eine kontinuierliche Reihe von Stellungen bis Anfang Dezember 1926. Danach, ab Dezember 1926 bis etwa Mitte 1927, hat sie vermutlich die in ihren Briefen erwähnte Stelle in Hamburg innegehabt, denn im Spätsommer dieses Jahres befand sie sich bereits in Dijon, wo sie einen Sprachkurs für Ausländer belegte. Eine letzte auswärtige Stellung in Peine, die sie in ihren Briefen in einer Art Aufzählung nach Hamburg nennt, müßte sich dann 1928 angeschlossen haben. Spätestens Ende 1928 hat sie in Finkenkrug die Pflege der erkrankten Mutter übernommen. Sie führte den Haushalt und unterstützte auch ihren Vater durch Sekretariatsarbeiten, solange dieser seinen Beruf noch ausüben konnte.

1 Zeugnis über die Sprachlehrerinnenprüfung im Französischen

Beglaubigte Abschrift des Zeugnisses vom 16. Mai 1916

Es wird bezeugt, daß Gertrud Kolmar »zur Erteilung des Unterrichts im Französischen an mittleren und höheren Mädchenschulen sowie an Lyzeen befähigt ist«.

2 Gertrud Kolmar (links) im Hause ihrer Freundin Ella Geiss, geborene Dittmar, in Ebermergen

Photographie, 1920. 8,1×11,1 cm. Von links nach rechts: G. K., Gernot, Hanna Junkers, Ella Geiss.

3 Gertrud Chodziesner

Visitenkarte aus dem Nachlaß von Kurt Pinthus, mit dem die Dichterin vermutlich auf Veranstaltungen des Jüdischen Kulturbundes in den 30er Jahren in Verbindung trat.

4 Zeugnis von Henny Zondek

Berlin, 2. April 1921 (ältere Photokopie)

»Frl. Gertrud Chodziesner war vom Oktober 20 – April 21 nachmittags bei meinen Kindern und verstand es in ausgezeichneter Weise, sich mit ihnen zu beschäftigen und ihr Interesse auf den verschiedensten Gebieten anzuregen. Frl. Ch. hat eine ruhige und stets

Gertrud Kolmar im Hause ihrer Freundin Ella Geiss (s. 4/2)

gleichmäßig freundliche Art mit Kindern umzugehen. Es wird ihr daher leicht, sich schnell ihre Zuneigung zu erwerben…«

5 Zeugnis von Annie Schapski

Berlin, 29. November 1923 (ältere Photokopie)

»Fräulein Gertrud Chodziesner war vom 15. 11. 23 bis zum 1. 12. 23 in meinem Hause dreimal wöchentlich vormittags als Erzieherin meiner beiden taubstummen Kinder und zu meiner Entlastung tätig. Sie hat es in dieser kurzen Zeit verstanden, sich die Liebe und das vollste Vertrauen der Kinder zu erwerben. Sie hat sich mit großer Geduld in der anregendsten Weise mit den Kindern beschäftigt… Fräulein Gertrud Chodziesner war vom 1. Dezember 1923 bis 1. Okt 24 als Erzieherin in meinem Hause tätig. Ich kann das bereits vorher Gesagte nur wiederholen und wünsche ihr alles Gute.

Frau Schapski.«

Visitenkarte (s. 4/3)

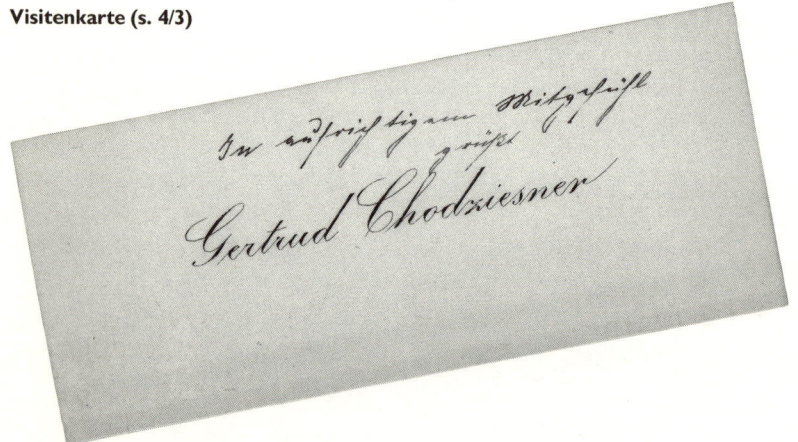

6 Gertrud Kolmar an ihre Schwester Hilde

Berlin 8. Juni [recte: Juli] 1920. Handschriftlicher Brief, 1 Bl. (4 S.)

Auf diesem Briefbogen schreiben »Vati«, »Mutti«, der Bruder Georg und Gertrud an die damals vierzehnjährige Hilde, die einen Teil ihrer Ferien in Harkerode bei den früheren »Gärtnersleuten« der Familie Chodziesner verbringt. In ihrem Tagebuch notierte Hilde am »Dienstag dem 29. Juni 1920«: »Freitag früh soll es losgehen. Gestern abend kam Trude nach einem Aufenthalt von 8 Monaten in Ebermergen bei Donauwörth in Bayern bei ihrer verheirateten Freundin Ella Dittmar wieder.«

»Liebe Hilde,
Besten Dank für den Brief. Schon die kleinen Klebeplaketten auf den Umschlägen gefallen mir immer so gut. Ich führe weiter ein stilles Leben hier, helfe Mutti, soweit ich kann – und soweit sie sich helfen läßt!... Gestern nachmittag war ich zum 1. Mal nach langer Zeit wieder mitten in der Stadt, bei Wertheim; ich habe auch meine Lehrerinnen vom Seminar besucht und an ihnen gefunden, was ich überhaupt hier allgemein feststellte: Alle Menschen sehen jetzt viel besser aus als im November, da ich Berlin verließ...«

Über ihre Stelle in Hamburg hat sich Gertrud Kolmar sehr negativ geäußert:»Ich hatte damals die Erzieherinstellung, die mir wenig behagte, und doch war ich gern dort, weil mir die Stadt so gefiel... Und das Widrige, Kleinliche in jenem Hause, daran denke ich kaum. –« (›Briefe‹, S. 204 f.). Die damals von ihr betreuten Kinder haben sich als Erwachsene noch an sie erinnert. So schreibt Dr. H. G. Alexander am 29. Dezember 1965 auf eine Anfrage von Hilde Wenzel:»Mein zweiter Bruder, Fritz, hat nun meine Anfrage über Ihre Schwester beantwortet... Er schreibt mir, daß er schon öfters Gedichte eines Frl. Choziesner [sic] im New Yorker ›Aufbau‹ gelesen und sich gefragt hat, ob die Dichterin wohl das ›Fräulein‹ war. ›Ich erinnere mich an sie als eine zarte junge Frau, die zu einem Weihnachtsfest, das sie bei uns verbrachte, für jeden von uns ein Sachet verfertigte. Ich habe meines noch. Es ist sehr hübsch gemacht und es hat immer viel für mich bedeutet weil es mich an sie und an meine Kindheit erinnerte.‹«

Mit seinem Schreiben vom 6. Mai 1969 willigte Dr. Alexander in eine Veröffentlichung der sein Elternhaus betreffenden Passagen in den ›Briefen‹ Gertrud Kolmars ein.

7 H. G. Alexander an Johanna Zeitler

London, 6. Mai 1969. Maschinenschriftlicher Brief, 1 Bl. (2 S.)

»An sich schmerzt es mich, nun zu erfahren, daß Ihre Schwester [gemeint ist: Gertrud Kolmar], ein Mensch von so außerordentlichem Rang, sich bei uns nicht glücklich gefühlt hat. Ihr Urteil wundert mich ein wenig; bei uns herrschte, soweit ein 13jähriger das beurteilen kann, eine durchaus heitere Stimmung; meine Eltern waren künstlerisch interessiert und es ging nicht kleinbürgerlich zu. Durch den Kopf gegangen ist mir, daß es Ihrer Schwester [Gertrud Kolmar] vielleicht im Grunde wenig behagte, das ›Kinderfräulein‹ zu spielen, wie man damals sagte, was ja tatsächlich ihrem Können wenig entsprach, und daß sich ihr Unmut darüber auf den Haushalt übertrug.«

8 Zeugnis des Soldatenrats des Gefangenenlagers Döberitz

Döberitz, 18. November 1918. Beglaubigte Abschrift vom 16. Februar 1927.

»Frl. Gertrud Chosziesner [sic] aus Charlottenburg wurde vom 1. 11. 17 bis 30. 11. 18 als franz. und engl. Dolmetscherin in der Postprüfungsstelle des Gefangenenlagers Döberitz beschäftigt. Ihre Tätigkeit bestand im Lesen der ein- und ausgehenden Gefangenenpost...«

9 Zeugnis von Ludwig Schmoller

Berlin, 1. Dezember 1926. Vom Aussteller selbst beglaubigte Abschrift

»Hiermit bescheinige ich Ihnen, dass Sie in meinem Hause vom 1. 10. 21 bis zum heutigen Tage als Sprachlehrerin für meine beiden Töchter tätig waren.

Während dieser Zeit haben meine Kinder nicht nur durch diese Tätigkeit, sondern in jeder Beziehung in Ihnen die beste Erzieherin gefunden, die wir uns wünschen konnten.

Wenn wir uns heute nach langer Zeit trennen, so geschieht dies, weil die Kinder erwachsen sind...«

Die maschinenschriftliche Abschrift des Zeugnisses trägt folgenden handschriftlichen Zusatz:

»Vorstehende Abschrift stimmt mit dem von mir am 1. 12. 1926 ausgestellten Zeugnis völlig überein.

Berlin 6. Juni 1939

Ludwig Schmoller«

Sie gibt damit einen Hinweis auf die Datierung des folgenden ›Lebenslaufs‹, denn in diesem wird die »vom Aussteller selbst beglaubigte Abschrift« als Anlage 7 erwähnt.

10 Gertrud Kolmar: Lebenslauf

Maschinenschrift, 3 Bl. (6 S.). Gezeigt werden die Blätter 1 und 2.

Über ihre Tätigkeit als Erzieherin und Sprachlehrerin schreibt Gertrud Kolmar erläuternd:

»Die Zeugnisse aus Privathäusern stellen, wie gesagt, eine Auswahl dar, doch versichere ich, dass alle Zeugnisse, die ich besitze, ausgezeichnet sind. Da es nun auffallen mag, dass ich trotz dieser guten Zeugnisse einige der Stellungen nur kürzere Zeit inne hatte, so möchte ich hier gleich Folgendes bemerken:

In der Kriegs- und Nachkriegszeit war viel Unruhe und macherlei Veränderung in den Familien (so war es z. B. bei Frau Dr. Mühsam). Auch wurden manche der Stellungen von vornherein als befristet angesehen – so war ich, wie das Zeugnis der Frau Schapski zeigt, bei ihren taubstummen Kindern nur für 14 Tage als Aushilfe ›eingesprungen‹, um dann, da die ins Haus genommene Erzieherin ihren Posten schwierigkeitshalber schon nach zwei, drei Tagen wieder verliess, zu bleiben, bis ich nach fast einem Jahr durch eine staatlich geprüfte Taubstummenlehrerin abgelöst wurde.« (s. Abb. S. 113 ff.)

Drei frühe Gedichtzyklen, die von 1918 an bis in die frühen zwanziger Jahre hinein entstanden sind, geben Zeugnis von der Weiterentwicklung des lyrischen Stils der

Dichterin; sie gewinnt nun eine stärkere Eigenständigkeit in Gedichtform, Metaphorik und Sprache und erweitert den Bereich ihrer Motivik. Die Gedichte dieser Epoche entstanden zum Teil in Zeiten relativ stärkerer Loslösung vom Elternhaus; ohne die Innenwelt des seelischen Erlebens zu vernachlässigen, vermitteln sie doch größere Anteile von äußerer Realität, als die ›Gedichte‹ von 1917; sie enthalten beispielsweise konkrete Hinweise auf neue Liebesbeziehungen, 1918 etwa zu einem Gutsbesitzer. Eine Ferienbekanntschaft dagegen in einem »Bergwaldnestchen« an der deutsch-tschechoslowakischen Grenze – »um 1920« – wurde von vornherein mit keinerlei ernsten Hoffnungen verbunden. Erst in der Erinnerung gewann diese Begegnung an Gewicht; und erst im Alleinsein der folgenden Zeit, so vermitteln es zahlreiche Gedichte des dritten ›Frühen Zyklus‹, scheint sich das Bedauern verstärkt zu haben, diesen Mann zurückgewiesen zu haben.

Diese Gedichte vermitteln aber auch den Eindruck, daß die psychische Grundproblematik weiterhin bestehen blieb, denn der Wunsch nach einer Liebe als reiner Sehnsucht und als reinem Opfer konnte keine Erfüllung finden. Die Trauer über diese Nicht-Erfüllung ihrer sehnlichsten Wünsche aber, so vermitteln es die gleichen Texte, nahm ständig zu und führte sogar in eine Krise ihres Schaffens:

> Nie werden zerlumpte Gedanken mehr
> Glatte, glänzende Zeilen;
> Mein Herz ist ein blutiger Klump,
> Da kann ich nichts formen noch feilen.

(›Ende‹)

11 Gertrud Kolmar: In memoriam 1918

Manuskript, 1918. 42 Bl. (ursprünglich 43; das Titelblatt existiert noch als Photokopie; die Bogen mit den Gedichten sind arabisch numeriert: 1–40). – Gezeigt werden die Blätter 5 und 38.

12 Gertrud Kolmar: Früher Zyklus II (›Gott erhalte‹)

Manuskript, undatiert. 44 Bl. (ursprünglich 45; numeriert Blatt 2–45). Peter Wenzel vermerkt auf Blatt 2: »Die Gedichte dürften etwa um 1920 entstanden sein« und bezeichnet ihn auf seiner Abschrift von 1948 als »Früher, unbetitelter Zyklus.« Gezeigt werden die Blätter 2 und 11

13 Gertrud Kolmar: Früher Zyklus III (›Wärmt uns Denken warmer Sonnen‹)

Manuskript, undatiert. 61 Bl. (ursprünglich 62; numeriert Blatt 2–62). Auf seiner Abschrift von 1948 vermerkt Peter Wenzel: »Die Gedichte dürften zu Anfang der 20er Jahre entstanden sein. Wzl.« Gezeigt Blatt 59

Opferung.

Ich wüßte, daß auch ich geboren
        bin,
Es ist ein Buch, da steht mein Name
        drin;

Ich war mir selbst zu eigen
        zwanzig Jahr,
Trug schwer an mir; da fand ich
        das Alter

~~Und hab' auch keinen Bücher~~

Und hab' auch keinen Bücher
        schau mein Ich
Nur einem guten Gott geschenkt; für dich.

Und legte meines ~~Ich~~ Glück
        dazu
Und wurde reich, der nichts mir
        blieb. Nur du.

—H—

Opfergang

Ich wußte, daß auch ich geboren bin.
Es ist ein Buch, da steht mein Name drin.

Ich war mir selbst zu eigen zwanzig Jahr,
Trug schwer an mir; da fand ich den Altar

Und hab' auf seinen Stufen scheu mein Ich
Um eine Güte Gott geschenkt: für dich.

Und legte meines Ichseins Glück dazu
Und wurde reich, da nichts mir blieb. Nur du.

Aus dem Zyklus ›In memoriam 1918‹ (s. 4/11)

Chronik

Ich liebe dich nicht. Nein, dich liebe ich nicht.
Ich liebte deinen Kameraden.
Das Haar stand ihm in silbrigen Kornes Schwaden,
Sein Lächeln – Erntesommers Licht.

Er hat feine, helle Hände. –
Deine Hände sind kantig, rauh und braun.
Kluge Augen, die ruhig mich schaun
Wie das vertraute Gelände.

Wir sahen uns, Mann und Weib.
Auf dem Hüttendach trommelte Regen;
Müde warst du, durchnäßt von Wegen
Ich wagte nur scheu dich zu streicheln: Bleib.

...

Ich liebe dich nicht. Nein, dich liebe ich nicht.
Meine Nächte träumen niemals von dir.
Zwischen Tagespflichten blickt still nach mir,
Braungolden, dein stolzes Zigeunergesicht.

Mein Wein. Mein Brot. Meine Luft. Mein Licht.

Aus dem frühen Zyklus II (›Gott erhalte‹) (s. 4/12)

43

Die graue Nacht

Die graue Nacht ist mit silbernen Nadeln gerafft.
Kahler Stamm starrt hinan, riesiger Säulenschaft.

Der Kirschbäume Wipfel sind wie Schleier verweht,
Breit kauert der Kiefer buckliger Unhold am Beet.

Alles ist anders. Nirgends lugen mehr Häuser hervor,
Giebel stieren, steil, schwarz, Pyramiden, empor.

Im Finstern sind irgendwo kleine Vierecke hell –
Surrendes Grillenzirpen, reißendes Hundegebell.

Eine goldsprühende Otter zischt im Fernen der Zug.
Sacht auf Boden und Baum tröpfelt's aus bläulichem Krug.

Ich wandre im Garten, weiter und weiter, schon längst nicht mehr hier.
Und wenn es ganz dunkel geworden ist, bin ich bei dir.

Aus dem frühen Zyklus III (›Wärmt uns Denken warmer Sonnen‹) *(s. 4/13)*

Namenszug Gertrud Kolmars auf dem Manuskript ›In memoriam 1918‹ in Originalgröße

5 Finkenkrug

Gertrud Kolmar hat jeweils nur kürzere Zeiten ihres Lebens außerhalb des Elternhauses oder der elterlichen Wohnung verbracht. Drei elterliche Wohnsitze wurden somit zum Zentrum ihres Lebens und Wirkens: Die Villa in der Ahorn-Allee im Berliner Westend von der Kindheit bis ins Alter von 26 Jahren, die Villa in Finkenkrug für die etwa Dreißig- bis Vierundvierzigjährige, die Wohnung in der Speyerer Straße 10 in Berlin-Schönefeld für die letzten Jahre ihres Lebens.

Die fünfzehneinhalb Jahre in Finkenkrug, wohin die Familie, nach nur zweieinhalbjährigem Aufenthalt in einer Wohnung am Kurfürstendamm, im Juli 1923 gezogen war, wurden dabei zu den entscheidenden für die Entstehung ihres dichterischen Werks. Bedeutsam war auch die Tatsache, daß Gertrud Kolmar nach zeitweisen kürzeren auswärtigen Stellungen als Erzieherin – so in Peine und in Hamburg – ab 1928 wieder ständig im Elternhaus lebte und dort für ihre Eltern sorgte. Nach dem Tod ihrer Mutter 1930 führte sie ihrem »Vater die Wirtschaft«.

Der Ort selbst und die Wälder seiner Umgebung lieferten ihr zahlreiche Motive und Anregungen, der Garten die Modelle für die Rosengedichte. Wichtiger aber war noch, daß ihr in dieser Umgebung die Konzentration auf sich selbst und auf ihr Dichten möglich wurde. In Finkenkrug fand sie, was sie später in der Stadt schmerzlich vermissen sollte, »das Bleibende, Tier und Pflanze, das Immerwiederkehrende, im Vergehen und Werden Beständige« (›Briefe‹, S. 31). Mit Finkenkrug, dem Ort und dem Haus, wird man die Dichterin Gertrud Kolmar immer identifizieren.

Dennoch hatte auch Finkenkrug für sie seine ambivalenten Züge; der Ort bedeutete ein Leben in der relativen Abgeschiedenheit der damals noch fast isoliert im Wald liegenden »Kolonie«; des öfteren ist bei ihr die Rede vom stillen, ereignislosen Leben, gegenüber Walter Benjamin einmal vom »Einsiedlerleben«, das sie führt. Und er beinhaltete auch viele negative Empfindungen im Zusammenhang mit der Tatsache, daß sie sich nicht von den Eltern hatte ablösen können. Auffällig ist jedenfalls, wenn man die durch die Briefe vermittelten jeweiligen Stimmungen verallgemeinern darf, daß der Verlust der Nähe zur Natur nach dem erzwungenen Umzug in die Stadt erst längere Zeit nach diesem Umzug wirklich schmerzlich in ihr Bewußtsein trat. So sagt sie in dem oben zitierten Brief vom 1. Oktober 1939: »Dabei hatte ich, so lange wir in F. lebten, gar nicht gewußt, daß ich so sehr daran hinge, mich vor der Übersiedlung nach Berlin durchaus nicht ›gegrault‹.« Und am 13. Dezember 1939 klagt sie gegenüber ihrer Schwester: »Im Sommer kam noch der Glanz von irgendeinem schönen Baum unterwegs, einem Goldregen, einem Fliederstrauch im Vorgarten eines Hauses, der hielt dann auf kurze Zeit vor; freilich ließ er mich Finkenkrug wie ein verlorenes Paradies sehen... mit den vielen

Birken, den Buchen, dem Wald... und mit Flora... Ich schrieb Dir's wohl schon, ich wußte nicht als wir herzogen, daß ich an allem so hing. ... Ach, ich möchte zuweilen meinen Mantel anziehn, meinen Hut aufsetzen und fortwandern, weit, weit fort. Und ich denke jetzt öfters daran, daß ich, wenn erst einmal Schnee fällt, nach Finkenkrug fahren und dort bei Mondschein, wie ich es früher tat, im Walde herumstapfen könnte; zugleich aber weiß ich schon, daß ich diesen Plan nicht ausführen werde – – –« (›Briefe‹, S. 38 f.)

1 Gertrud Kolmar: Kanarienrose

Typoskript aus dem Zyklus ›Bild der Rose. Ein Beet Sonette‹

2 Haus in Finkenkrug

Photographie. 8,8×13,5 cm. Rechts oben das Fenster von Gertrud Kolmars Zimmer

Im Anschluß an den Zwangsverkauf im Herbst 1938 bis zum Kriegsende war das Haus mit einer Abteilung des Reichsluftfahrtministeriums belegt; nach 1945 wurde es unter anderem von der sozialistischen Jugendorganisation Junge Pioniere, ab 1953 von der Finkenkruger Lessing-Oberschule genutzt. Es ist heute geplant, das Haus in eine öffentliche Bibliothek umzugestalten.

3 Ludwig Chodziesner im Garten

Photographie, 1925. 10,6×7,5 cm.

4 Elise Chodziesner

Photographie, Frühjahr 1928. 8,4×5,3 cm.
Auf dem Albumblatt:»Mutti (Letzte gute Aufnahme Frühjahr 1928).« (Hilde Wenzel).

5 Haus Finkenkrug, davor Ludwig Chodziesner

Photographie. 8,8×13,6 cm.
(2 Photographien)

6 Gertrud Kolmar: Die jüdische Mutter

Typoskript, entstanden 16. August 1930 – 1. Februar 1931. Gezeigt S. 1

7 Helene Köpp im Finkenkruger Garten

Zwei Photographien, 1928. 5,7×7,6 cm und 5,5×8,2 cm.
Auf dem Albumblatt:»Helene mit Kücken (Eigene Zucht 1928) – Lenchen (30 Jahre Köchin bei uns). 1928« (Hilde Wenzel)

KANARIENROSE
Ville de Paris

Des Mädchens Taubenhände gurrten zahm
Aus licht zitronenfarb und grüner Seide;
Ihr Haar hing schwarz und still und gleich der Weide,
Und ihre Blicke sanken als ein Gram
Auf jenen Vogel, der von Inseln kam,
Dem zaubernd sie aus weichem Fiederkleide
Die Rose träumte. Blühendes Geschmeide.
Ein Duft, wie Wein so gilbend, süss wie Rahm,

Sang aus dem Käfigglase, blauem Becher,
Mit feinem Tönen, hauchte zitternd nieder
Und lag an ihrem märchenbunten Schuh
Gefaltet, blass, wie ein verlorner Fächer.
Sie neigte sich. Da ward er Vogel wieder
Und schwirrte den Kanarienwäldern zu.

Aus dem Zyklus ›Bild der Rose‹ *(s. 5/1)*

Haus in Finkenkrug, Vorderseite (s. 5/2)

Haus in Finkenkrug, Straßenseite (s. 5/5)

8 Gertrud Kolmar an ihre Schwester Hilde

Finkenkrug, 5. Dezember 1928. Handschriftlicher Brief, 2 Bl. (4 S.) Hilde Chodziesner war zu dieser Zeit in Stuttgart als Buchhändlerin tätig.

»Finkenkrug, d. 5. 12. 1928.

Liebe Hilde,

Besten Dank für Dein Schreiben. Also, mit dem Buddha ist es nichts. Ich glaubte nämlich, daß, da wir Band 2 haben, mit dem Einkauf von Band 1 das Werk vollständig wäre; aber wenn man nun noch ganze 3 Bände hinzuerwerben muß... Soviel macht sich Vati, denke ich, nicht daraus. Stattdessen Folgendes: Vati hat sich einmal die deutsche Ausgabe von ›Georg Brandes, Julius Caesar‹ gewünscht, und Mutti, die heute bei Herrn Ring [Berliner Buchhändler, bei dem Hilde Wenzel gelernt hatte] Einiges kaufte, hat festgestellt, daß das Buch bei Reiß (Berlin?) erschienen ist und ca. 20 M kostet. Nach diesen Angaben wirst Du es wohl ausmitteln und bestellen können. An diesem Buche möchte ich mich gern beteiligen (der Junge hat etwas anderes); lehnst Du aber die Beteiligung ab, so möchte ich Dich bitten, für mich beim Verlage J. B. Metzler, Stuttgart, ›Hans Naumann, die Deutsche Dichtung der Gegenwart‹ (Ganzleinen 10 M) zu besorgen. Ein solches Werk fehlt uns nämlich, da unser Leixner so ungefähr mit Gerhart Hauptmann aufhört. Die angeführte Literaturgeschichte kenne ich freilich nicht, weiß aber auch keine andere, und wenn die Kritiken nur halbwegs stimmen, kann sie nicht schlecht sein. Ist Dir selbst jedoch auf diesem Gebiete etwas Besseres bekannt, so kannst Du natürlich das besorgen.

Noch eins: Mutti findet, daß 2 Bücher für uns (und besonders für Dich) eine zu große Geldausgabe wären. Nun könnten wir ja dann beide zusammen den Cäsar schenken; aber Mutti ist – nicht mit Unrecht – mehr für den Ankauf der Literaturgeschichte, weil sie, wie gesagt, einmal tatsächlich etwas ist, was uns fehlt. Wiederum wird sie Dir, da sie ja nur 10 M kostet, vielleicht als ein zu kleines Geschenk für 2 Personen erscheinen. Und daß Du sie allein schenkst, möchte ich nicht; denn ich habe mir doch die Mühe gemacht, etwas Schönes und Nützliches auszudenken, und Du ernstest dann den Dank dafür, während ich jetzt erst einmal wieder ohne Geschenk dasitze. Schließlich kommt es dabei auf den Preis nicht an, und Vati wird sich über den 10 M-Band genau so freuen wie über ein teureres Werk. –

Wo wohnt jetzt eigentlich Ella [die Freundin Ella Geiss]? Wenn sie mir nicht zum 10. schreibt, kann ich ihr nicht gratulieren, weil ich dann ihre Adresse nicht habe. Sie hat doch am 15. Geburtstag. (Vati hat mich, im Hinblick auf ihr Schreib-Versprechen, allerdings gefragt, ob ich noch an Wunder glaubte?)

Sonst nichts Neues. Wenn Du inzwischen Ella siehst, grüß' sie und erinnere sie an ihr Versprechen. Und sei selbst herzlich gegrüßt von

Deiner Trude.«

Ludwig Chodziesner (s. 5/3)

Elise Chodziesner schreibt dazu:

»Mein liebes Hillechen!
Meine Ansicht betreffs des Buches hat Trudchen schon geschrieben… Eine neuere Literaturgeschichte wäre jedenfalls was Schönes u. käme auch besonders der Allgemeinheit zu gute. Nun weißt Du, denke ich, Bescheid. Für mich nur auch nicht zu viel Geld ausgeben, Du bist immer viel zu nobel. Gestern war ich bei Ring, habe Lörke [vermutlich Oscar Loerke] für Trude gekauft u. das neue Buch über Goethe's Vater von Glaser, das sehr gut sein soll. Letzteres für Vati…«

Gemeint war der Titel Rudolf Glaser, Goethes Vater. Sein Leben nach Tagebüchern und Zeitberichten. Leipzig: Quelle der Meyer 1929.

Elise Chodziesner (s. 5/4)

Mutti
(Letzten guten Aufnahmen
Frühjahr 1925).

9 Gertrud Kolmar an ihre Schwester Hilde

Handschriftlicher Brief vom 13. Dezember 1928, 1 Bl. (2 S.)

»Finkenkrug, d. 13./XII. 28.

Liebe Hilde,

Heute erhältst auch Du von mir eine schönes Gekrakel; denn erstens habe ich aus Muttis Schreibtisch eine merkwürdige neue Feder erwischt, die dauernd »aussetzt«; zweitens und in der Hauptsache aber habe ich meinen Brillenbügel abgebrochen, und ohne Brille bin ich nicht mehr zu schreiben gewohnt.

…

Über die Bahnhofsansichten habe ich mich natürlich besonders gefreut; ich bekam ordentlich Lust, wieder einmal nach Stuttgart zu fahren – schon um dieses bewunderungs-würdige Bauwerk wiederzusehn…

Von meinem Geburtstag ist nicht weiter Großes zu melden. Wir feierten ihn »in aller Stille«, da ich die ganze vorige Woche stark erkältet gewesen war und keine Lust gehabt habe, Einladungen zu versenden...
Weißt Du, was ich gestern gesehen habe? Ich lege meine Betten zum Lüften ins Seitenfenster, und während ich noch dabei bin, gibt es ein Knacken und Krachen im Kiefernwipfel dicht vor mir, und da sitzt ein großes Tier (wirklich ein großes Tier!) ganz ruhig und fest: ein Mäusebussard. Er blieb ein Weilchen und flog dann zu Grieshabers ab. Mit diesem Erlebnis schließe ich. Noch dies: Deine guten Wünsche betreff des Nobelpreises haben mir Spaß gemacht. So alt bin ich denn doch noch nicht. Denn Du weißt wohl, daß man den Preis als ›Altersversorgungsanstalt‹ bezeichnet hat, weil er immer nur an reichlich bejahrte Dichter – meist auch solche, die es nicht mehr nötig haben – verliehen wird. Die diesjährige Preisträgerin ist zwar, glaube ich, erst in den Vierzigern, bildet aber auch bisher nur die Ausnahme, welche die Regel bestätigt. – Nun leb' wohl. Nochmals vielen Dank und herzliche Grüße!

Trude.«

1928 war die norwegische Schriftstellerin Sigrid Undset (1882–1949) mit dem Nobelpreis für Literatur ausgezeichnet worden.

10 Einige Lektüren Gertrud Kolmars

Charles-Marie-René Leconte de Lisle: Œuvres, Poèmes Barbares, Paris: Alphonse Lemerre 1905. Aufgeschlagen S. 193: ›Le Sommeil du Condor‹ (Bayerische Staatsbibliothek, München)

Rainer Maria Rilke: Das Stunden-Buch enthaltend die drei Bücher: Vom menschlichen Leben / Von der Pilgerschaft / Von der Armuth und vom Tode. Leipzig: Insel Verlag 1905. Exemplar »aus der Bibliothek von Anton Kippenberg«

Paul Valéry: Charmes, Paris: Gallimard 1926. Aufgeschlagen S. 12/13: ›Au Platane‹ (Bayerische Staatsbibliothek, München)

Julien Green: Adrienne Mesurat, Paris: Plon 1927 (Friedhelm Kemp, München)

Die Bibel in Auswahl für Schule und Heim. Hg. von Elv. Lehmann und P. Petersen. Braunschweig/Berlin: Westermann 1912. Aufgeschlagen S. 164/165 mit der Illustration von Ephraim Moses Lilien, Das Allerheiligste (Bayerische Staatsbibliothek, München)

Chaïm Nachman Bialik: Gedichte, Aus dem Jiddischen übertragen von Louis Weinberg und Ludwig Strauß. Band 1 und 2, Berlin: Welt 1920/21

11 Alter, eingebauter Bücherschrank im ehemaligen Wohnzimmer des Hauses in Finkenkrug

Photographie 1991 (Till Bartels)

Das ebenerdig gelegene ehemalige Wohnzimmer besaß ursprünglich einen runden Vorbau mit einer Terrassentür, die zum Garten führte und vor dem Obergeschoß einen

Eingebauter Bücherschrank im ehemaligen Wohnzimmer, 1991 (s. 5/11)

Balkon bildete. Dieser Vorbau wurde nach dem Wegzug der Familie Chodziesner entfernt und durch eine geschlossene Wand mit Fenstern ersetzt. Im ebenerdig gelegenen ehemaligen Wohnzimmer sind noch heute zwei eingebaute Bücherschränke zu sehen. Diese Schränke enthielten einen Teil der familiären Bibliothek, über deren Bestand nur noch wenige Hinweise möglich sind. Neben den obligatorischen Klassikern der deutschen Literatur und der Weltliteratur enthielt sie vermutlich vor allem erzählende Literatur des 19. und beginnenden 20. Jahrhunderts, viele historische Werke und einiges Naturkundliche. Aus den Werken und den Briefen Gertrud Kolmars lassen sich einige besondere Richtungen ihres Interesses herauslesen, so zum Beispiel für die Bibel und bestimmte Bibelübersetzungen. Im Brief an Walter Benjamin vom 5. November 1934 geht sie ausführlicher als sonst auf ihre lyrischen Vorbilder und Vorlieben ein. Die wenigen Briefe schließlich, die aus den zwanziger Jahren erhalten sind, geben immer wieder Hinweise auf Anschaffungen von Büchern. Hinweise auf ein besonderes Interesse an Werken über das Judentum oder hebräische Literatur finden sich erst in den Briefen der letzten Jahre.

12 Pharus-Wanderkarte. Nordbahnstrecke

Oranienburg, Tegeler Seengebiet, Finkenkrug. 1:80000. Berlin: Pharus o. J. (Pharus-Verlag Heinrich Möller KG, Berlin)

13 Das heutige Finkenkrug:

Bahnhof Finkenkrug
2 Photographien von Günter Woltmann, 1991

Die Manteuffelstraße, heute Feuerbachstraße
Photographie von Günter Woltmann, 1991

Haus Finkenkrug neunziger Jahre (vor der Renovierung)
Photographie von Henry A. Smith, 1991

Blick in das Zimmer Gertrud Kolmars
Photographie von Till Bartels, 1991

Das Zimmer Gertrud Kolmars im ersten Stock. Blick aus dem Fenster
Photographie von Till Bartels, 1991

Erinnerungstafel, angebracht 1979
Photographie von Henry A. Smith, 1991

Dennoch ihre Heimat. Kommt man heute, bald fünfzig Jahre nach dem Tode der Dichterin, nach Finkenkrug, so glaubt man unversehens zurückzugleiten in jene Zeit, in der Gertrud Kolmar dort mit ihrer Familie gelebt hat. Der Ort ist still, fast ohne Autos, fast ohne Menschen auf den Straßen, wie abgeschieden; die Villen der ursprünglichen vor etwa hundert Jahren gegründeten Kolonie »Neufinkenkrug« sind fast alle noch erhalten, die Lebensmittelläden, Gaststätten, Handwerksbetriebe sehen von außen nicht viel anders aus als in den zwanziger und dreißiger Jahren. Auf alten Postkarten lassen sich immer wieder

Ausschnitt aus der Pharus-Wanderkarte Nordbahnstrecke (s. 5/12)

heute noch existierende Häuser und sonstige Gebäude identifizieren. Das grobe Straßen-pflaster stammt aus der Gründungszeit des Ortes, der Jahrhundertwende; die Gehwege sind reiner Sand – Sand und Pflaster, auf denen Gertrud Kolmar ging, bei ihren Besor-gungen, auf ihrem Weg zur Bahn, die sie in die Stadt brachte, auf ihren Wegen in die angrenzenden Wälder, den Bredower Forst und den Brieselang, die sich heute wie schon zu Zeiten Fontanes kilometerweit nach Norden erstrecken, wenngleich sich die besie-delte Fläche um den ursprünglichen Ortskern »Neufinkenkrug« weit ausgedehnt hat und im Osten mit Falkensee, im Süden mit Dallgow verschmilzt.

Auch der Wald scheint noch ihr Wald zu sein – Wald, wie sie ihn, begleitet von ihrem Hund, auf ungezählten Wanderungen erlebt haben muß: Ein Laubwald aus Birken, Eichen und Ahorn, durchsetzt mit Föhren, deren rötliche Stämme aus dem Hellgrün der übrigen Gehölze hervortreten, mit Akazien oder Robinien und vielfältigem anderem Laubgehölz, ein Wald mit reichlichem Unterholz aus Farnen und Brombeeren, mit breiten, hellrot oder ockerfarben schimmernden Sandwegen, die so weich sind, daß sich darin der Fuß beim Gehen leicht eingräbt, daß der Regen wie von Löschpapier aufgesogen wird.

An den Waldrändern, auf den Brachflächen leuchten im Herbst zwischen üppigem grünem Gestrüpp die Goldruten in gelben Schwaden, durchwirkt von duftig leichten silbergrauen oder braunen Büscheln, den Samenständen der Disteln. Das freie Land im Westen Finkenkrugs, entlang den Entwässerungskanälen und Gräben ist heute wohl trockener geworden als es zu Gertrud Kolmars Zeiten war, die Sümpfe mitsamt ihren Kröten sind verschwunden – dennoch fühlt man noch immer die Stille und scheinbare Zeitlosigkeit jenes Raumes, glaubt zu spüren, wie eine scheinbare Exklave aus Raum und Zeit es der Dichterin leicht gemacht hat, sich auf innere Räume und Vorgänge zu konzentrieren, äußere und innere Vorgänge zu verschmelzen.

6 In der literarischen Welt

Von 1928 an finden sich in Zeitungen, Almanachen und Anthologien Gedichte von Gertrud Kolmar. Zuvor war die Dichterin, nach längerer Unterbrechung, in eine neue Periode ihres Schaffens eingetreten, eine etwa zehn Jahre währende Phase, die sich zur bedeutendsten ihrer gesamten literarischen Produktivität entwickeln sollte. Auf diesen Neuansatz ihres Schaffens weist sie selbst hin, wenn sie an Walter Benjamin schreibt, sie habe »nach einer langen unfruchtbaren Zeitspanne wieder Verse gefunden, als [sie] 1927 aus Dijon zurückkam...« *(Brief vom 5. November 1934, siehe Nr. 6/2).* Doch schon während ihres Frankreich-Aufenthaltes, der sie im Spätsommer 1927 nach Dijon, anschließend nach Beaune und möglicherweise auch nach Paris führte, ist das Gedicht ›Die Irre‹ entstanden, die phantastische Vision eines Ichs, das sein Entferntsein von den anderen und den Verlust eines Kindes in immer neuen Schreckensbildern und -szenen beschwört. Dieses Gedicht gehört bereits in den Komplex des ›Weiblichen Bildnisses‹, einer Folge, die sie vor 1933 abgeschlossen hatte *(siehe Kapitel 8)* und aus der sie seit 1929 einzelne Gedichte publizierte.

Ein weiterer großer Gedichtkreis, ›Das Preußische Wappenbuch‹, entstand, nach Mitteilung der Dichterin, »im Winter 1927/28«. Auch mit diesen Texten trat Gertrud Kolmar an die Öffentlichkeit, zum ersten Mal mit dem ›Wappen von Zinna‹, das unter dem Titel ›Apfel‹ neben dem früher entstandenen Gedicht ›Das große Feuerwerk‹ am 5. April 1928 in der »Osterbeilage« der ›Literarischen Welt‹ erschienen ist.

Vermittler dieser ersten wichtigen Publikationen Gertrud Kolmars war ihr Cousin Walter Benjamin, der seine Verbindungen zu Willy Haas, dem Herausgeber der ›Literarischen Welt‹, und zu Max Rychner, dem Chefredakteur der ›Neuen Schweizer Rundschau‹ nutzte, um Aufmerksamkeit auf die noch unbekannte Autorin zu lenken. Aus den beiden erhaltenen Briefen Gertrud Kolmars an ihn von 1934 geht seine Vermittlerrolle und seine Anteilnahme an ihrem Schaffen deutlich hervor. Er selbst schreibt in seiner Einleitung zum Abdruck der beiden Kolmar-Gedichte in der ›Literarischen Welt‹: »Von der Verfasserin ist bisher nur ein Band ›Gedichte‹ – Berlin 1917 bei Egon Fleischel – erschienen. Weniger um auf jene ersten frühen Versuche hinzuweisen, als um das Ohr des Lesers Tönen zu gewinnen, wie sie in der deutschen Frauendichtung seit Annette von Droste nicht mehr vernommen worden sind, veröffentliche ich folgende Verse. Walter BENJAMIN«

›Die Beterin‹, ›Wappen von Lassan‹ und ›Die Fahrende‹ wurden im Oktoberheft des Jahres 1929 der ›Neuen Schweizer Rundschau‹ abgedruckt. Rychner erinnerte sich später daran, daß Walter Benjamin ihn bei einer persönlichen Begegnung auf die Dichterin aufmerksam gemacht hatte: »Ein Gesprächsgegenstand war damals auch – leider zu flüchtig – die Tatsache, daß er mir zwei Jahre zuvor drei Gedichte einer Dichterin gesandt hatte, zur Veröffentlichung, die damals vollständig unbekannt war, und deren Name seither auch groß aufgestiegen ist. Es waren drei Gedichte von Gertrud Kolmar ...« (›Über Walter Benjamin‹, S. 27).

1929 erschienen ›Die Gauklerin‹ und ›Die Entführte‹ im ›Insel-Almanach auf das Jahr 1930‹, wobei noch nicht bekannt ist, wie die Verbindung zu Anton Kippenberg, seit 1905 Verleger der Insel, entstanden ist. Diese Veröffentlichung machte dann zwei Schriftsteller auf Gertrud Kolmar aufmerksam: Ina Seidel – seit dem Erscheinen ihres Romans ›Das Wunschkind‹ (1930) eine der vielgelesenen Autorinnen –, deren frühe Gedichte gleichfalls bei Egon Fleischel erschienen waren, setzte sich für Gertrud Kolmar ein; Karl Josef Keller, ein debütierender junger Dichter, begann einen literarischen Dialog mit ihr, aus dem eine Liebesbeziehung werden sollte *(s. auch Kapitel 10)*. Auch Elisabeth Langgässer lernte nun Gertrud Kolmars Gedichte kennen.

1 Gertrud Kolmar
Photographie, ca. 1928. 9,6 x 6,6 cm. (Reproduktion)

2 Gertrud Kolmar: Die Irre
Typoskript aus dem Zyklus ›Weibliches Bildnis‹, 3 Bl.

3 Walter Benjamin
Photographie von Gisèle Freund. Paris 1936. 16,0 x 23,3 cm.

Als in der ›Osterbeilage der Literarischen Welt‹ 1928 »neue Dichter« – Georg von der Vring, Gertrud Kolmar, Hannes Küpper, M. D. Santifaller, Ludwig Strauß, H. S. Schultze – vorgestellt werden, hebt Walter Benjamin, der Mitarbeiter von Willy Haas, den Abdruck der beiden Gedichte seiner Cousine durch eine achtzeilige Notiz hervor, die oben zitiert ist.

4 Zwei Gedichte. Von Gertrud Kolmar. Das große Feuerwerk. Apfel
Die literarische Welt, Jg 4, Nr. 14/15 vom 5. April 1928, Osterbeilage, S. 1

Am 19. Mai 1933, also wenige Tage nach der Bücherverbrennung, druckte die ›Literarische Welt‹, die nun der Untertitel ›Unabhängiges Organ für das deutsche Schrifttum‹ schmückt, in den Wochen der befristeten Herausgeberschaft von Eberhard Meckel noch einmal ein Gedicht von Gertrud Kolmar. Es versteckte sich in der »Doppelnummer: Frauen im deutschen Schrifttum«. Elisabeth Langgässer schrieb dort über ›Wege heutiger Frauendichtung‹, Margarete Susman stellte ›Frauen der Romantik‹ vor. Neben einem Gedicht von Oda Schaefer steht Gertrud Kolmars ›Arachne‹:

DIE IRRE

(Beaune, Côte d'Or. – Den 14. 10. 1927)
Mit runzligen Lippen schlürfe ich Wermut.
Von meinen Nüstern tropft Russ und Teer.
Meine Augen liegen auf Feldern, bestellt mit Schwermut,
Und darum habe ich keine Blicke noch Tränen mehr.
Mein Kind wohnt ganz allein
Im Garten unter dem harten, mächtigen Stein.

O seht! O seht! Welch einen Kopf muss ich tragen!
Rot und gelb, halb Schwefel, halb Ton.
Der meine ward mir zerbrochen und abgeschlagen
Vom Fallbeil der Grossen Revolution.
Da hat mich der Böse durch alle Sternentiere, Löwe und Widder, gehetzt
Und mir im Krebs den Kopf einer Teufelin aufgesetzt.

Jäger und Schergen, Henkersknechte,
O Gendarmen der ganzen Welt in Wut!
Mein hässliches Haupt tut doch nicht das Schlechte;
Schaut her! Meine Hände sind gut.
So schön mit Blumen geschmückt wie ein Grab,
Als sein Grab.
Ich pflückte sie alle den Parkbeeten und den Kränzen am Totenmal ab.

Ich will alles Land erfüllen mit meinen lauten Gladiolen,
Mein Herz zerreiss ich in Nelken, es über den Erdball zu streun,
Ueber ganz Frankreich, über ganz Deutschland, über ganz Belgien, über
    ganz Polen!
Für meinen Sohn soll das sein; da wird er sich freun.
Er kam aus dem Kriege mit einem zu wilden, zottigen Bart,
Und sie fürchteten sich vor ihm und haben ihn eingescharrt.

Die Stadt wächst immer grösser, je weiter ich gehe,
Sie reckt sich, verrückt sich, dass ich mein Ziel nie erreichen mag.
Wenn ich abends am Friedhofstor stehe,
Kehrt es sich von mir fort, jedesmal, in den morgigen Tag.
Ich setz' mich vor's Schulhaus, nicke den Kleinen mit meinem roten
    Krebshaupt voll Grind;
Denn wo ich auch sitze: immer geh ich zu meinem Kind.

Aus dem Zyklus ›Weibliches Bildnis‹ *(s. 6/2)*

DOPPELNUMMER (MIT OSTERBEILAGE)

DIE LITERARISCHE WELT

NR. 14/15
4. JAHR=
GANG

HERAUSGEBER WILLY HAAS
Die Literarische Welt Verlags-Ges. m. b. H., Berlin W 55, Pots-
damer Str. 125 B., Postscheckkonto Berlin 50889. Erscheint jeden
Freitag. Preise in Deutschland die Nummer RM 0,50, vierteilj.
RM 5,40 ohne Bestellgeld; für Österreich: S 0,50 die Nummer,
S 5,70 vierteilj. ausschl. Bestellgeld. Preise freibleibend. Bezug
durch jede Buchhandlung, Postanstalt od. direkt durch den Verlag.

BERLIN
DONNERSTAG, 5. APRIL
1928

Anzeigenpreise in Reichsmark:
¹/₁ S. 800 R.M. ¹/₂ S. 425 R.M. ¹/₄ S. 225 R.M. ¹/₈ S. 125 RM.
¹/₁₆ S. 75 RM. Die 4gesp. Millimeter-Zeile 0,80 RM. Keine Verbindlichkeit für die Aufnahme in bestimmter Nummer. Anzeigen-
vermittlung nur durch Die Literarische Welt Verlags-
Ges. m. b. H., Berlin W 55, Potsdamer Str. 125 B.

PREIS
60
PFENNIG

Kopfleisten der ›Literarischen Welt‹ 1928 und – auf der gegenüberliegenden Seite – 1933

›Zwei Gedichte‹ von Gertrud Kolmar in der Osterbeilage der ›Literarischen Welt‹, 1928 (s. 6/4)

OSTERBEILAGE DER LITERARISCHEN WELT

NEUE DICHTER

Drei Gedichte
Von Georg von der Vring

DIE JUNGE MUTTER

Wenn ich in die Laube schlich,
In die grüne Laube,
Meinen Knaben am Gesicht,
Meine blonde Taube,

Hörten wir den Wind, der dicht
Kam durchs Blattgewimmel,
Sahn wir zwischen Blättern schlicht
Den entzückten Himmel!

Sang ein Mund an meinem dicht
Worte voll Erstaunen,
Augen strahlten Sonnenlicht,
Händchen hielt Posaunen —

Wenn ich in die Laube schlich,
In die grüne Laube,
Hing uns überm Haupte dicht
Gottes volle Traube!

MOORLANDSTRAUSS

Wiesen im Wind
Fließen geschwind,
Blumen pflückt mein kleines Kind.

Klappertopf
Und Blutstropf —
Eifrig raucht sein runder Kopf.

Weißer Klee,
Roter Klee,
Hier Guten Tag! und hier Ade!

Enzian,
Blauer Spahn,
Links und rechts hinzugetan.

Graswald saust —
Sanft und kraus
Schwefft es aus der kleinen Faust.

Doch — Verdruß!
Hahnenfuß
Steht im Wasser, Fuß bei Fuß!

Wiesen im Wind
Fließen geschwind,
Blumen bringt mein kleines Kind:
Weißer Klee,
Roter Klee,

Klappertopf,
Blutstropf,
Enzian,
Grasfahn'.

Hahnenfuß — Fuß bei Fuß
Hab ich selber zugetan.

•

GERANIE

Jedes kleine Kinderkissen
Drückt ein kleines Muschelohr.
Sieh, da hebt aus Dämmernissen
An des Tages letztes Tor
Sich empor
Rot ein Blütenmeteor.

Wie bestaubt von alten Tagen
Krümmt sich manches graue Blatt,
Abend bringt dahergetragen
Düfte dumpf und Düfte matt,
Drüber hat
Sich entrollt ein Feuerrad. —

Aus noch eh der Kinderkissen
Von Geschnauf und Muschelohr,
Stand sie klein und hingerissen
In der Schwestern breitem Flor,
Topf — ein Rohr,
Erde wie ein schwarzes Moor.

Fliegen schliefen an den Blättern,
Mücken manche Nacht darauf;
Läuse wollten sie erklettern —
Frauenfinger hemmt den Lauf;
Regentrau
Putzt ihr Kleid zum Sonntag auf. —

Als der erste Knabe lärmte,
Stand sie blütenüberhaucht,
Als der zweite sie umschwärmte,
War sie ganz in Rot getaucht,
Hocherlaucht —
Bis ihr Feuer ausgeraucht.

Drittes Blühen will heut enden.
Ungeheuer glüht hervor
Noch die Wut von siebzehn Bränden . . .
Durch das blassen Tages Tor
Schießt empor
Der verzückte Meteor!

Zwei Gedichte
Von Gertrud Kolmar

Von der Verfasserin ist bisher nur ein Band
„Gedichte" — Berlin 1917 bei Egon Fleischel
— erschienen. Weniger um auf jene ersten
frühen Versuche hinzuweisen, als um das
Ohr des Lesers Tönen zu gewinnen, wie sie
in dem deutschen Frauendichtung seit Annette
von Droste nicht mehr vernommen worden
sind, veröffentliche ich die folgenden Verse.
Walter Benjamin

DAS GROSSE FEUERWERK

Das große Feuerwerk ist nun verpufft,
Und, tausend losgespritzte Fünkchen,
hängen
Noch kleine Sterne in des Dunkels
Fängen.
Die Nacht ist lang.

Ich lehn' am Baum und sinn' am Himmel
hin,
Und sehe wieder dünnen Spätgoldregen
Dem Teich entlangen, sich vertropfend
legen.
Weiß ist mein Hut, mein Kleid ist leicht
mich frier'.
Bleich blühten Chrysanthemen ob den
Wellen,
Zerrieselten in sieben ros'ge Quellen.

Ich such' die Bank und warte, hart ge-
duckt.
Es duckte sich die Schlange, pfiff im
Sprunge
Und zischte rasend mit glüher Zunge.
Ich wärme meine starren Hände nicht.
Aus Schwarz und Schimmer stieg ein
Palmenfächer,
Der zückte Silberspeere auf die Dächer.
Mein Auge schläfert, aber unterm Lid
Kreist noch das Sonnenrad mit leisem
Singen,
Und grüne Ringe grüßt es reinen Ringen.
Das große Feuerwerk ist längst verpufft.
Zwölf Schläge ist es irgendwo im
Weiten —
Ich geh' wohl heim, noch will ich die Füße
schreiten.
Du kommst nicht mehr.

•

APFEL

O Herz! O Frucht! O Zeit! O Wille!
Wie lieblich sind ihr hergereift!
Wie hat euch Hand der Sommerstille
Mit sonnengroßem Glanz gereift,
Wie scheint ihr sanft mit gelber Schale
Und flimmert heiß mit blühndem Rot
Und geht geschmückt zum ew'gen Mahle,
Da selbst ihr Speise seid und tot.

Das aber ist, wofür ihr glühtet.
Ihr Hauch und Strahl euch angeschmiegt
Und tief den kleinen Kern behütet,
Der braun und blinkend in euch liegt.
Die Wange, klar von Regenzähren
Hobt lächelnd ihr dem Lichte nach
Und lauschtet froh der Säfte Gären,
Das süß und singend in euch sprach.

Wohl allem, was nicht sieeh gefallen
Schon vor des Pflückens Griff und
Schnitt,
Was nicht verdorrt aus Feuerkrallen,
Verfault aus schleim'ger Feuchte glitt,
Was, wenn es Erntehand verschmähte,
Zu jener Scholle wirft ein Wind,
Die selber säte, selber mähte
Und immer Mutter war und Kind.

Hannes Küpper:
ERSTE HYPERNATURALISTISCHE
BETRACHTUNG

Meer! Du bist das große pumpende
Herz der Erde
Mit deiner Ebbe und Flut,
Zu dir hin fließen all die Wasser —
Blutströme der Erde.
Dein starker Muskel reinigt es von all
den
Krankheitsstoffen, die das Organ Land
ausscheidet.
Die Sonne, der Nerv sympathicus, treibt
das alsu
Gereinigte Blut in das Lungengewächs der
Luft.
Deine bleichsüchtigen, fiebrigen Körper-
glieder Land
Werden von Regen und Schnee kühl
durchblutet.

O! Hermaphrodit Erde!
Was ist der Mensch in deinem gigantischen
Organismus?
Ein Krebsbazillus — einer von jenen un-
zählbaren
Mikroorganismen in deinen wohlgestal-
teten Gliedern,
Dem Wunderbau, den jener „Schweigsame
Unnembare"
In einer frohen starken Stunde zeugte,
das
Ungeheure geheimnisinige Schöpfungsakt
des Weltenraums
Gelungen und vollbracht ward — und du,
Erde, geschahst.

O! Urgewaltiger, Namenloser!
Ich fange an, das Schicksal der Mensch-
heit zu erahnen,
Das in deinem unerforschbaren Ratschluß
von Ewigkeit
Zu Ewigkeit versenkt bleibt.

M. D. Santifaller:
AUS EINEM „LIED DER REIFEN
MAISKOLBEN"

Ein raschelnder See von Verdorrten sind
wir,
Von Totgebrannten im Sommer
Und wie durch ein Leichenhaus rasst uns
der Wind
Und rüttelt Gebeine.

Aber inmitten des gelblichen Todes glüht
das Leben,
Glühet der Samen, rötliches Gold;
Schwer ist das Gold, schwer ist es zu
tragen,
Auf dorrenden Händen, in sterbendem
Schoß — —

Preis 60 Pfennig
Oesterreich 1 S.hilling

DIE LITERARISCHE WELT

Verlag und Schriftleitung, Berlin-Halensee, West-fälische Str. 28, Tel H 2, Uhland 8888, Erscheint wöchentlich, Bezugspreise: für Deutschland viertel-jährlich RM 3.40 ohne Porto, für Oesterreich: vierteljährlich S 6.70 einschl. Porto. Sonstiges Ausland vierteljährlich RM 4.05 einschl. Porto, Preise freibleibend. Bezug durch jede Buch-handlung, Postanstalt oder direkt durch den Verlag

**Unabhängiges Organ
für das
deutsche Schrifttum**

Herausgeber: Eberhard Meckel

Anzeigenpreise in Reichsmark: ¹/₁ Seite 800 RM, ¹/₂ Seite 425 RM, ¹/₄ Seite 225 RM, ¹/₈ Seite 125 RM, ¹/₁₆ Seite 75 RM. Die 4 gesp. Millimeter-Zeile 0,80 RM. Keine Verbindlichkeit für die Aufnahme in bestimmter Nummer. Postscheckkonten: Berlin 30839, Wien B 103.718, Prag 78.188. Keine Verantwortung für unver-langt eingesandte Manuskr. Rücksendung unverl. ein-gesandt. Manuskr. erfolgt nur, wenn Rückporto beiliegt

9. Jahrgang   Berlin, Freitag 19. Mai 1933   Nummer 20/21

Doppelnummer: Frauen im deutschen Schrifttum
*Frauen der Romantik / Frauen der Nachromantik / Alte deutsche
Frauendichtung / Frauen des deutschen Adels / Deutsche Frauenbriefe*

5 Gertrud Kolmar: Arachne

Die literarische Welt, Jg 9, Nr. 20/21 v. 19. Mai 1933, S. 3.

Zwei Briefe Gertrud Kolmars an Walter Benjamin haben sich erhalten. Der erste, vom 10. Oktober 1934, in ›Walter Benjamin. 1892–1940‹, S. 19f., erstmals gedruckt, erreichte seinen Empfänger bereits im Pariser Exil. Gertrud Kolmar äußert dort die Bitte, Benjamin möge eine Rezension ihres damals erschienen Gedichtbandes für die ›Frankfurter Zeitung‹ verfassen. Seine Adresse sei längere Zeit nicht bekannt gewesen:»Andernfalls hätte ich Dir die ›Preußischen Wappen‹ schon geschickt, umso eher, als ich Dir ja die Aufnahme des ›Wappen von Lassan‹ in der Schweizer Neuen Rundschau verdankte, also Deiner Teilnahme an dem Werkchen gewiß war. Du wirst nun mit gleicher Post ein Heftchen erhalten, das in einer Sammlung ähnlicher Gedichtbändchen herausgekommen ist und etwa 20 Wappen aus meinem größeren Wappenbuche umschließt. Ich habe über die Veröffentlichung mit dem Verleger schon im Anfang des Jahres 33 verhandelt, auch schon den Vertrag abgeschlossen; aber durch die Ereignisse ist das Erscheinen des Büchleins so lange hinausgezögert worden. Du findest auf einer der vordersten Seiten das Entstehungs-datum der Verse; ich habe die Feststellung gewünscht, daß ich die ›Wappen‹ zu einer Zeit dichtete, als Heimatlyrik nicht große Mode war. Noch dies: (damit Du siehst, daß ich guten Rat nicht in den Wind schlage) Beim ›Wappen von Zinna‹, das Du unter dem Titel ›Apfel‹ einmal in der Lit. Welt abdrucken ließest, mißfiel Dir die Schlußstrophe, die ich nun zwar nicht weggelassen, aber geändert habe; dagegen ist aus dem ›Wappen von Bocholt‹ eine Strophe herausgenommen worden, die Dir beim Lesen einmal überflüssig erschien. Du wirst Dich an alles das kaum noch erinnern…

Natürlich wäre ich sehr froh, wenn gerade Du die Beurteilung schreiben könntest, obgleich Du – wer weiß? – vielleicht ein strengerer Kritiker wärst als der in Aussicht genommene Referent; aber sicher wäre Deine Teilnahme eine ganz andere, viel tiefere als die des Fremden. Vom Erscheinen des Referats würde ich gegebenenfalls gern Mitteilung haben wollen, da wir die ›Frankfurter Zeitung‹ nicht halten und ich auch keinen Bezieher kenne, der mich aufmerksam machen könnte.

Von uns hier nichts Neues; unser Einsiedlerleben in Finkenkrug geht weiter wie bisher. Auch mein Vater hat sich über Deine Grüße gefreut und erwidert sie vielmals.

Mir fällt eben ein, daß ich Dir als ›kleine Zugabe‹ noch eins meiner neuerlich entstandenen Gedichte senden könnte: ›Robespierre‹, das ich ganz besonders liebe; ob es Dir ebenso gefallen wird, weiß ich freilich nicht.

Nun nimm meinen herzlichen Dank und Gruß Gertrud.«

6 Neue Schweizer Rundschau. Nouvelle Revue Suisse

Jg 22, Heft 10 vom Oktober 1929, S. 755–757: Drei Gedichte von Gertrud Kolmar: Die Beterin; Wappen von Lassan; Die Fahrende.

Benjamins Antwort ist nicht erhalten. In ihrem zweiten Brief an ihn vom 5. 11. 1934 bedauert Gertrud Kolmar, daß er die gewünschte Rezension nicht schreiben werde und

Umschläge von Publikationen mit Erstdrucken von Gertrud Kolmar (s. 6/5 und 6/6)

geht dann auf sein »kleines Privatreferat« über Lyrik ein, wobei sie – hier am ausführlichsten – Auskunft gibt über eigene Vorlieben im Bereich der Lyrik sowie über Autoren, die sie beeinflußt haben.

»…Deutsche Dichter, die mich vielleicht beeinflußt haben, sind Rilke und Werfel, beide mit Einzelheiten aus ihrem Werke; an Rilke ist es die ›Plastik‹ der späteren Gedichte, die mich so anzieht. Er hat sie von Rodin, aus Frankreich, und ich möchte von mir sagen – da kein Künstler so ganz aus sich selbst entspringt wie Athene aus dem Haupte des Zeus – daß ich vermutlich auch hier und da von den Franzosen abstamme. Ich habe nach einer langen unfruchtbaren Zeitspanne wieder Verse gefunden, als ich 1927 aus Dijon zurückkam, und mein großer Elch im ›Wappen von Allenburg‹ ist nun zwar nicht eine künstliche Nachahmung, vermutlich aber (die Zoologen mögen mir verzeihen!) ein natürlicher Sprößling von Leconte de Lisle's mächtigem Vogel in ›Le Sommeil du Condor (Poèmes Barbares)‹. Ich weiß, daß ich Leconte de Lisle besonders viel verdanke, doch hat er sicher nur das aus mir herausgeholt, was schon ohnehin in mir war und nicht etwas mir eigentlich Fremdes in mich hineingetragen. Was ich je von der neuesten französischen Lyrik las, muß mich wenig beunruhigt haben, weil ich mich im Augenblick gar nicht darauf zu besinnen vermag. Mein ›Jüngster‹ ist Paul Valéry, von dessen Gedichten mir einige, meist die kurzen, recht fremd sind, von dem ich aber andere, längere, bewundere, liebe und durchaus nicht für äußerst schwer verständlich halte. Ich kann im Walde nicht mehr an einer jungen und etwas gewundenen Buche vorbeigehn, ohne an die Verse aus ›Au Platane‹ zu denken: ›…et ce hêtre formé de quatre jeunes femmes…‹, ohne diese vier jungen Frauen, die den Wipfel tragen, zu sehn; oft sind es auch nur drei. ›La Fileuse‹ im Album de Vers Anciens gehört zum Schönsten, was es für mich giebt. Es geht mir mit der Lyrik wie Dir wohl auch: oft gefällt mir das Werk eines Dichters nicht in seiner Gänze, sondern es sind einzelne Gedichte, die ich wieder und wieder lesen kann. So geht es mir mit Rimbaud, der mich schon menschlich eher abstößt als anzieht, dessen ›Dormeur du Val‹ ich einmal irgendwo fand und seither nie wiedergefunden habe. Zu uns kam vor ein paar Jahren immer ein alter Bettler; er sah völlig versoffen aus; aber ich gab ihm stets, weil sein Gesicht mir wie das eines Zwillingsbruders von Verlaine erschien. – Und dann ist da Milton und sein ›Paradise Lost‹ (wenn ich es lese, ärgere ich mich immer über Klopstocks unglücklichen ›Messias‹, der vielen Deutschen gewiß den Geschmack an einem biblischen Epos verleidet hat); kennst Du dieses Werk? ich finde [es] herrlich, vor allem die Darstellung der Hölle, des Pandämonium. Ich erinnere mich eben, daß Du früher einmal ein großer Verehrer Spittelers warst; bist Du es nicht mehr? Er ist freilich wohl kein ›reiner‹ Lyriker.

Nun nimm meinen Brief nicht etwa als eine tiefgründig und wertvoll sein wollende Erörterung, auch nicht als ein dichterisches Glaubensbekenntnis, sondern einfach als das, was er ist: eine Plauderei, zu der mich Dein letztes Schreiben verführte…« *(Sinn und Form, Jg 43, 1991, 1. Heft, S. 123 f.)*

7 Insel-Almanach auf das Jahr 1930

Leipzig: Insel-Verlag 1929, S. 93–96. Gertrud Kolmar: Zwei Gedichte. Die Gauklerin; Die Entführte.

8 Herz zum Hafen. Frauengedichte der Gegenwart

Eine Anthologie herausgegeben von Elisabeth Langgässer unter Mitwirkung von Ina Seidel. Leipzig: R. Voigtländers Verlag 1933.

Dieser Band enthält unter anderem Gedichte von Ricarda Huch, Else Lasker-Schüler, Regina Ullmann, Ina Seidel, Elisabeth Langgässer, Ruth Schaumann und Paula Ludwig. Von Gertrud Kolmar sind abgedruckt: ›Die Fahrende‹, ›Das Räubermädchen‹, ›Die Ottern‹, ›Die Sinnende‹.

Gertrud Kolmar.
* Berlin, 10. XII. 1894. Lebt in Finkenkrug, Osthavelland.
Gedichte.

Aus dem Anhang ›Dichterinnen: Lebensdaten und Werke‹ in: ›Herz zum Hafen‹

9 Ina Seidel

Photographie, 16,2×11,5 cm

10 Ina Seidel an Peter Wenzel.

Starnberg, 4. Juni 1946. – Maschinenschriftlicher Brief, 1 Bl. (2 S.)

Peter Wenzel, Gertrud Kolmars Schwager, nahm 1946 mit Ina Seidel in Starnberg Verbindung auf. Sie antwortete:

»Sehr geehrter Herr Wenzel!
Mit großer Bewegung las ich Ihren Bericht über das Schicksal, das auch Gertrud Kolmar getroffen hat. Selbstverständlich erinnere ich mich an sie! Die von Ihnen erwähnte Anthologie deutscher Frauenlyrik [›Herz zum Hafen‹] wurde unter meiner beratenden Mitwirkung zusammengestellt, und ich hatte damals nachdrücklich Gertrud Kolmar vorgeschlagen und ihre Anschrift ausfindig gemacht. Ich kannte nur die Gedichte von ihr, die im Insel-Almanach standen und die mir einen starken Eindruck gemacht hatten – der bei Fleischel erschienene Band war mir entgangen (oder an mir vorübergegangen). Gertrud Kolmar besuchte mich nach der brieflichen Anknüpfung, die von mir ausgegangen war, in meiner Wohnung in der Kronenstraße und ich lernte dann viele ihrer Dichtungen im Manuskript kennen. Vor allem erinnere ich mich an einen Zyklus ›Tierträume‹, den mein verstorbener Bruder Willy Seidel und ich aufs tiefste bewunderten.

Daß Ihr Herr Schwiegervater [Ludwig Chodziesner] die Güte hatte, mich einmal in einer Rechtsfrage zu beraten, die in meinem Roman ›Der Weg ohne Wahl‹ eine Rolle spielte, weiß ich auch noch gut. Dies Buch erschien 1933, im Herbst, also muß meine Begegnung mit Gertrud Kolmar und mein Besuch in Finkenkrug im Frühjahr 33 stattgefunden haben. Ich hielt mich von April bis in den Spätherbst jenes Jahres hier in Starnberg auf und kehrte nur noch zur Vorbereitung unser[er] endgültigen Umsiedlung nach Berlin zurück. In dieser Übergangszeit, die ziemlich turbulent für mich war, habe ich Gertrud Kolmar nicht wiedergesehen und auch später nicht wieder von ihr gehört. Ich habe immer gehofft, sie möchte mit ihrem Vater rechtzeitig ins Ausland gegangen sein.

Schreiben Sie mir, ob Sie daran denken, eine Ausgabe ihrer Gedichte zu veranstalten und ob Sie schon einen Verlag dafür in Aussicht haben. Ich könnte mich bei einigen, auch schon wieder leistungsfähigen lizenzierten Verlagen für das Buch einsetzen. Es wäre freilich sehr zu wünschen, daß die Auswahl, die Sie mir sandten, noch sehr vermehrt würde, wozu zweifellos genug Material vorliegt. Die Gedichtbände habe ich leider nie besessen.

Nehmen Sie diesen Brief bitte nur als ein vorläufiges Zeichen meiner Bereitschaft, mich für Gertrud Kolmars Dichtung einzusetzen. Die letzten Jahre haben mich sehr müde werden lassen und seit dem Tode meines Mannes und meiner Mutter, meiner beiden nächsten Lebensgefährten, die im vorigen Herbst von mir gingen, habe ich mich noch nicht recht erholen können und lebe in großer Zurückgezogenheit.

Lassen Sie mich wissen, wie Sie dem Gedanken eines Sammelbandes der hinterlassenen Dichtungen von Gertrud Kolmar gegenüberstehen.

Mit freundlichen Grüßen
Ihre sehr ergebene
Ina Seidel«

11 Elisabeth Langgässer
Photographie im Hause Emanuel Bin Gorion, Berlin. 1930/32 (?) 5,9 × 8,1 cm.

12 Elisabeth Langgässer an Peter Suhrkamp
Berlin-Eichkamp, 18. September 1947. – Maschinenschriftliche Abschrift, angefertigt für Peter Wenzel, mit einer Versandliste für die Durchschläge.

Peter Suhrkamp hatte 1947 den Gedichtband ›Welten‹ an Elisabeth Langgässer geschickt:

»Sehr verehrter, lieber Herr Suhrkamp!
Haben Sie besonders herzlichen Dank für die Gedichte von Gertrud Kolmar! Ich habe sie schon immer geliebt – diese seltsamen, unendlich tiefen und melancholischen Verse einer Geistesschwester der Lasker-Schüler, und finde meine Bewunderung, mit grosser Trauer untermischt, in diesen letzten Gedichten bestätigt. Welch eine Einsamkeit, welch eine

irdische Flugbahn gleich der einer Fledermaus an opalgrünen Abendhimmeln, die schon in Dämmerung übergehen, welche Jenseitigkeit der Bilder und welch uraltes Wissen! Auch Georg Trakl kommt mir von ferne in den Sinn – nur, dass hier alles noch objektiver ist und noch tiefer zurück in dem Urgestein der Sprache – härter trotz aller Weiblichkeit. Ich hätte gern das Vor- oder Nachwort zu diesen Gedichten geschrieben: als Frau, als Lyrikerin und als Mensch der gleichen blutsmässigen Herkunft.

Haben Sie noch einmal ganz besonderen Dank!

Mit herzlichen Grüßen
Ihre
Elisabeth Langgässer.«

Schutzumschlag von Elisabeth Langgässers
Anthologie ›Herz zum Hafen‹ mit vier
Gedichten von Gertrud Kolmar (s. 6/8)

7 ›Das Preußische Wappenbuch‹

Anstoß zu der großen Dichtung der ›Preußischen Wappen‹ gab der Bruder Gertrud Kolmars, Georg Chodziesner:»Es dürfte Sie vielleicht interessieren, daß ich der unschuldige Anlaß zu den Wappen Gedichten war. Ich sammelte nämlich die Wappen Marken, die den Packeten von Kaffee Hag beilagen, und diese Marken gaben meiner Schwester die Idee zu den Gedichten. Ein Exemplar der ursprünglich erschienenen Wappengedichte, die ich nach England mitnahm, hat die Wappenmarken bei jedem Gedicht eingeklebt« (Brief an Johanna Zeitler vom 20. November 1968).

Auch im Falle der Publikation der ›Preußischen Wappen‹ kam offensichtlich Ina Seidel das Verdienst zu, die Beziehung zwischen der Dichterin und dem Verleger der Rabenpresse Victor Otto Stomps geknüpft zu haben. So jedenfalls läßt sich dessen spätere Mitteilung interpretieren:»…Wir können hinzufügen, daß das Erscheinen des Bändchens ›Preußische Wappen‹ der Fürsprache von Ina Seidel zu danken war. Sie wagte im Dritten Reich, seine Veröffentlichung zu empfehlen« (›Deutsche Rundschau‹, Jg 82, 1956, S. 787). Gertrud Kolmar hatte mit Stomps»schon im Anfang des Jahres 33 verhandelt, auch schon den Vertrag abgeschlossen«. Aufgrund der»Ereignisse« wurde aber das Erscheinen der ›Preußischen Wappen‹ bis ins Frühjahr 1934 hinausgezögert.

1 Gertrud Kolmar: Das Preussische Wappenbuch

Typoskript, 105 Bl., rechts oben handschriftlich numeriert. – Gezeigt Titelblatt mit dem handschriftlichen Vermerk Gertrud Kolmars [Links unten:]»(107 Blätter)«, Blatt 2 und 3, die vermutlich das Inhaltsverzeichnis enthielten, fehlen.

Auf dem Titelblatt finden sich folgende Notizen von Hermann Kasack:»Geschlossen in den Band. Reihenfolge neu festlegen. (Alphabetisch!) Keine Provinzangaben! Ks. Titel?«
Darunter:»Alte Stadtwappen«. Durchgestrichen sind der ursprüngliche Titel Gertrud Kolmars sowie der wohl von Kasack selbst stammende Titelvorschlag»Das Buch der Wappen«.
Darunter:»[Gedichtkreis]« und»Winter 1927/28«.
Der Titel ›Alte Stadtwappen. Gedichtkreis‹ in den Gesamtausgaben des ›Lyrischen Werks‹ seit 1955 sowie die alphabetische Anordnung der Gedichte nach Städtenamen, nicht nach den jeweiligen preußischen Provinzen, gehen also auf Hermann Kasack zurück. Grund für diese Umbenennung, der auch Peter Wenzel zugestimmt hat, war, daß man in den Jahren nach dem Zweiten Weltkrieg jeden Bezug auf den Staat Preußen zu meiden suchte.

2 Gertrud Kolmar: Wappen von Zechlin

Typoskript, 2 Bl. [Mit Unterstreichungen und Numerierung für die Drucklegung]

⇥ Zechlin ⇤

freiſt. Preußen / Prov. Brandenburg / Reg.⸗Bezirk Po'sdam

∴ Zehdenick ∴

freiſt. Preußen / Prov. Brandenburg / Reg.⸗Bezirk Potsdam

⇥ Zinna

freiſt. Preußen / Prov. Brandenburg / Reg.⸗Bezirk Potsdam

Sonnenburg i. d. Neu⸗ mark

freiſt. Preußen / Prov. Brandenburg / Reg.⸗Bez. frankfurt a. O.

∴ Sonnewalde ∴

freiſt. Preußen / Prov. Brandenburg / Reg.⸗Bez. frankfurt a. O.

⋅ Sorau in der Niederlauſitz

freiſt. Preußen / Prov. Brandenburg / Reg.⸗Bez. frankfurt a. O.

⋅ Triebel in der Niederlauſitz ⋅

freiſt. Preußen / Prov. Brandenburg / Reg.⸗Bez. frankfurt a. O.

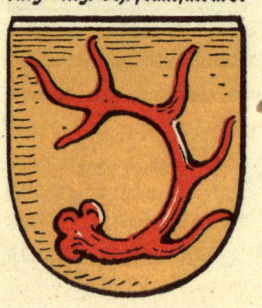

⧜ Vetschau ⧜

freiſt. Preußen / Prov. Brandenburg / Reg.⸗Bez. frankfurt a. O.

Woldenberg i. d. Neu⸗ mark

freiſt. Preußen / Prov. Brandenburg / Reg.⸗Bez. frankfurt a. O.

Wappen von Zechlin

Silber; auf schilfbestandenem Wasser ein roter Kahn,
darin ein Fischer in blauer Tracht sein Netz aufzieht.

Sonne rudert westwärts still,
Erdbeerfarbner Schwan.
Weil ich Stille fischen will,
Folg ich meinem Kahn.

Östlich steigt ein kleines Leid
Aus verwaschnem Grau,
Schwindend wie das Sommerkleid
Längst verwölkter Frau.

Teichfrosch quengelt, lacht und gluckt
Fleissig und verstimmt,
Bis ihn Grund und Schlammgrün schluckt
Und sein Kreis verschwimmt.

Tagestrübnis, Ungemach:
Was da übrigbleibt,
Ist ein leeres Schneckendach,
Das die Welle treibt.

Schwebt verirrter Goldpirol,
Schwirrt der Sichelmond?:
»Liegt die Masche schlaff und hohl,
Hat der Fang gelohnt.«

»Heb dein schweres Netz und schau,
Ob du Garnichts ziehst;
Stille ist ein Fisch von Tau,
Den du niemals siehst.«

Aus dem Zyklus ›Das Preussische Wappenbuch‹ (s. 7/1 u. 2)

Auf der gegenüberliegenden Seite: Ein halber Bogen der Sammelmarken ›Deutsche Ortswappen‹ von Otto Hupp (s. 7/7) mit vier Motiven, die Gertrud Kolmar ausgewählt hat: Zechlin, Zinna, Sonnewalde, Woldenberg.

Sammelmarke mit dem Wappen von Lassan (s. 7/6)

Pommern
Wappen von Lassan

Auf blauem, sternübersätem Grunde
ein steigender silberner Fisch.

Über die Teiche schreiten unbeschuhte Frauen.
Wie mögen Menschenfrauen über die Wasser gehn?
Sie tragen lichtgeflochtenes Netzwerk in Händen
Und ragen mächtiger, wenn sie, es aufwärtszusenden,
Geschwungenen Arms auf rinnendem Spiegel stehn.

Denn Fische schweben durch die blauen Gebreite.
Wo flattern Fische auf mit Nachtkauz und Triel?
Ihre Flossen klingen silbern an, da sie steigen.
Manchmal rasten sie droben auf Ahornzweigen;
Sie jagten den flirrenden Stern im Zenith, bis er niederfiel.

Die silbernen Fische singen über Ländern und Meeren.
Wann finget ihr Fische je, und sie waren nicht stumm?
Orf und Schmerle schweigen. Sie aber, ohne Namen,
Streuen überallhin ihrer Töne Rieselsamen,
der die Weltkugel füllt wie blitzendes Bienengesumm.

Eine Stunde sitzt abends bei euch am Fenster.
Wer hat nicht umsonst schon die bleibende Stunde erhofft?
Und nun kommt sie und teilt die schlichte Kost eurer Tische,
Und sie lehrt euch vielleicht das Lied der singenden Fische.
Ja, sie kommt: einmal. Nicht oft.

Aus dem Zyklus ›Das Preussische Wappenbuch‹ *(s. 7/1)*

Königswalde in der Neumark
Freist. Preußen / Prov. Brandenburg / Reg.-Bez. Frankfurt a. O.

Königswalde in der Neumark
Stadt, 1311 Einwohner (1925)
Wappen: In Silber eine nur
mit einer goldenen Krone be-
kleidete wachsende Jungfrau
mit wallendem goldenem Haar,
die in jeder Hand einen grünen
Tannenbaum hält.

Nr. 30

KAFFEE HAG
Coffeinfreier
Bohnen=Kaffee

Sammelmarke mit dem Wappen von Königswalde, Vorder- und Rückseite (s. 7/6)

Mark Brandenburg
Wappen von Königswalde

Auf Silbergrund eine nackte, gekrönte, goldhaarige Jungfrau zwischen zwei grünen Tannen, die sie mit Händen hält.

Manche verhüllen sich mit Mänteln tropfenblau,
Andere entdecken sich aus Tüchern feuerrot;
Rinnen die blauen über mich, bin ich tot,
Lohen die roten von mir, werde ich Frau.
Und ich warte.

Meine Füsse gehn nackt und so rasch durch Tannadeln und Moos,
Dass ein finsteres Schwein in den kleinen Augen erschrickt,
Dass die Rehmutter zittert, die mich am Mittag erblickt:
Zehen rollen als zarte, spielende Schlangen sich los
Und züngeln zu Quellen.

Mir schmiedete goldenes Haar eine Unterweltsnacht,
Elben mit Krötenfingern haben die Ringel gefeilt,
Lieblich ist meine Stirn, die Gebreste heilt,
Der Mund eine duftende Frucht, die reift und lacht.
Und die blutet.

Und meine Krone – wer kommt, der sie raubt? –
Und meine Krone wird von Nattersteinen begleisst;
Ich küsse die harte Hand, die sie niederreisst,
Dass eine schönere neue mir baue ums Haupt
Buntes Gemäuer.

Am Abend, wenn die jungen Männer in Dörfer gehn,
Stehe ich an der Waldschneise, schreie wie Häher, schweig'.
Sie wandern zu Mädchen. Bisweilen kehrt einer unters Gezweig,

Aus dem Zyklus ›Das Preussische Wappenbuch‹ (s. 7/1)

3 Gertrud Kolmar: Preussische Wappen

Berlin: Verlag Die Rabenpresse 1934
Oktav, 30 S., 1 unn. Bl.
[Seite 5:] »Diese Gedichte entstanden im Winter 1927/28«

4 Victor Otto Stomps

Photographie in den dreißiger Jahren. 12,6 x 8,6 cm. (Hans Goswin Stomps, Gießen).

5 Inhaltsverzeichnis ›Preussische Wappen‹

Typoskript mit folgenden handschriftlichen Vermerken Gertrud Kolmars [Rechts oben:] »Gertrud Chodziesner. / Finkenkrug (Osthavelld.) / Manteuffelstr. 6.« [Links unten:] »37 Seiten«

Mit Ausnahme der Gedichte ›Wappen von Eldagsen‹ und ›Wappen von Harpstedt‹ sind diese Titel sämtlich in den ›Preussischen Wappen‹ von 1934 enthalten, wobei die Reihenfolge dort geringfügig geändert ist. Offensichtlich handelt es sich bei dem vorliegenden Blatt um eine Zusammenstellung, die der endgültigen Auswahl für die ›Preussischen Wappen‹ vorausging.

Verlagsanzeige in ›Der weiße Rabe‹, Jg 3, Heft 1 vom 1. März 1934

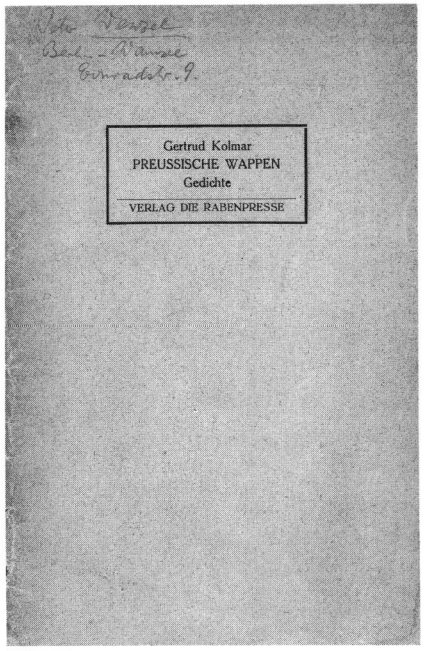

Umschlag und Titelblatt von ›Preussische Wappen‹, 1934 (s. 7/3)

6 Deutsche Ortswappen von Otto Hupp

Sammelmappen für die Reklamebildchen der Firma Kaffee Hag. Gezeigt wird das Heft ›Preußen/Provinz Niederschlesien‹ und ›Preußen/Provinz Westfalen‹. Die Motive der Bildchen von Ahlen und Bocholt finden sich in den Wappengedichten wieder.
Das Sammelwerk der ›Deutschen Ortswappen‹ wurde seit 1913 millionenfach verbreitet.
Die 1926 anlaufende Neuauflage erreichte bis zum Zweiten Weltkrieg noch einmal über 250 000 Hefte mit 80 Millionen Wappenbildern.

7 Otto Hupp: Deutsche Ortswappen, ein Bogen Marken.

Der gezeigte Bogen enthält die Wappen von vier Städten – Zechlin, Zinna, Sonnenwalde, Woldenberg – deren Motive sich in Gertrud Kolmars Gedichten wiederfinden.

8 Oda Schaefer und Horst Lange

Photographie. Ursula Litzmann, 1939. 14,0 × 8,8 cm.

9 Oda Schaefer und Horst Lange an Johanna Zeitler

München, 7. März 1965. – Maschinenschriftlicher Brief Oda Schaefers mit einem handschriftlichen Zusatz von Horst Lange, 1 Bl. (Johanna Woltmann, Gröbenzell); Abdruck mit freundlicher Erlaubnis von Eberhard Horst, Gröbenzell).

Oda Schaefer und Horst Lange, die zum Kreis der Autoren der Stomps'schen Berliner Rabenpresse gehörten, erinnerten sich Mitte der 60er Jahre an ihre Begegnungen mit Gertrud Kolmar. Die Rolle von Ina Seidel für die Dichterin war Oda Schaefer offensichtlich verborgen geblieben. Sie spielt auf deren zeitweilige Begeisterung für den Nationalsozialismus an. Ihr historisch-psychologischer Roman über das Schicksal mehrerer protestantischer Pastorengenerationen, ›Lennacker‹, erschien 1938.

»Liebes Fräulein Zeitler,

anliegend sende ich Ihnen einiges Material, eine kleine Arbeit von mir für die Zeitung – und die Verbesserungen, die Frau Hilde Wenzel dazu gegeben hat…

Ina Seidel rühmt sich jetzt übrigens der Freundschaft mit der Kolmar, war aber nach 33 eine solche ›Nazisse‹ mit Verbindung zu Rudolf Hess, durch ihren Schwiegersohn, daß sie darüber schweigen sollte. Die Seidel ist allerdings dann, während des Krieges wohl, wieder zurückgekippt und hat den ›Lennacker‹ geschrieben, den sie jetzt als ihren Widerstand bezeichnet – oder wenn nicht sie, dann doch ihre Biographen.

Mit den besten Wünschen für Ihre Arbeit

Ihre Oda Schaefer«

»Sehr geehrtes Fr. Zeitler,

ich bin der Kolmar zwei- oder dreimal in der Offizin von V. O. Stomps in Berlin in der Stallschreiberstr. begegnet, um die Zeit etwa, als er ihre ›Preussischen Wappen‹ druckte. Sie machte einen etwas zerfahrenen, unkonzentrierten, aber besessenen Eindruck, glich von weitem etwa der Lasker-Schüler, war jedoch weniger hysterisch und nicht (wie jene!) zu Zornausbrüchen hingerissen, sondern immer sehr still und leise, als ob sie auf etwas lauschte.

Das Schönste an ihr waren ihre Augen. Ihren Namen ›Chodziesner‹ sprach sie in einem äußerst musikalischen, fast hingehauchten Tonfall aus. Mehr weiss ich nicht zu sagen!

Ihr Horst Lange«

10 Das Leben. Eine Sammlung deutscher Dichtung. Herausgegeben von V. O. Stomps.

Berlin: Verlag Die Rabenpresse 1934 (Hans Goswin Stomps, Gießen/Stadt- und Universitätsbibliothek, Frankfurt am Main)

Der Band ist eine Anthologie aus der Zeitschrift ›Der Weiße Rabe‹, Jg 2, Heft 5/6 von Juni/ Juli 1933 bis zu den Heften 11/12 vom 1. Januar 1934; er ist mit diesen Heften textidentisch.

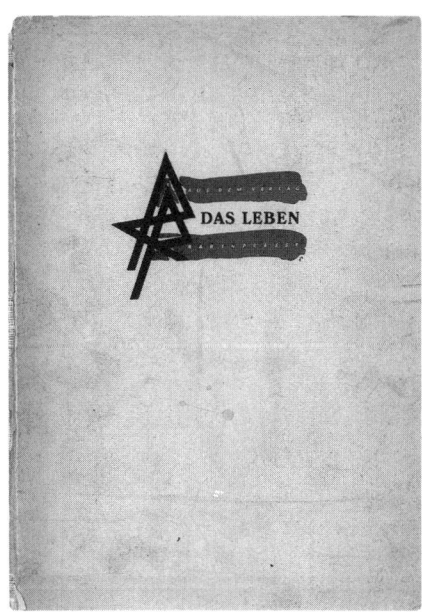

Umschlag und Anthologie ›Das Leben‹ (s. 7/10) und Umschlag der Zeitschrift ›Der Weisse Rabe‹ (s. 7/11)

So enthält er von Gertrud Kolmar das Gedicht ›Wappen von Allenburg‹ in der von Horst Lange eingeleiteten Abteilung ›Landschaftliche Dichtung‹. Die Kolmar erscheint dort neben Gedichten und Prosatexten von Wilhelm Lehmann (Nachdruck aus: Die Schmetterlingspuppe), Elisabeth Langgässer, Eberhard Meckel, Peter Huchel, Oda Schaefer, Günter Eich, Hans Gebser, Kurt Heynicke u.a.

11 Der Weiße Rabe

Jg 2, Heft 1/2 vom 1. Februar 1933. – Gezeigt wird das Titelblatt. Das Heft enthält die Gedichte ›Ein Mädchen‹ und ›Ein grünes Kleid‹ (Hans Goswin Stomps, Gießen).

12 Gertrud Kolmar: Wappen von Allenburg

In: Der Weiße Rabe, Jg 2, Heft 5/6 von Juni/Juli 1933. – Gezeigt werden die Seiten 39/40 (Hans Goswin Stomps, Gießen).

13 Victor Otto Stomps: Gertrud Kolmar

In: Deutsche Rundschau, Jg 82, Heft 7 vom Juli 1956, S. 787–789

Stomps, seit 1949 der Verleger der in Heidelberg gegründeten Eremiten-Presse, die er seit 1954 in Stierstadt/Taunus betrieb, wurde für viele Autoren, die jetzt zu schreiben begannen, der eigentliche Entdecker. Nach dem Erscheinen von Gertrud Kolmars ›Lyrischem Werk‹ meldete er sich zu Wort – und es sei hier daran erinnert, daß die ›Preussischen Wappen‹ noch 1936 in seinem »Poetischen Taschenheft« ›Löse und binde‹ angezeigt wurden, freilich mit dem Vermerk: »Vergriffen«.

»Das mitreißend fließende Element dieser Dichterin… ist ganz original, im erregenden Sog von Herbheit und Weichheit eine in ihrer Art einmalige Persönlichkeit deutend. Ihr Werk ist in sich geschlossen, auch in seinen Ausdrucksbereichen, und ist so klar in der Formulierung, daß trotz aller Sinnbilder das Wort ›Metapher heutiger Prägung‹ nicht anwendbar scheint:

> Ich ziehe meine Einsamkeit um mich,
> Sie ist so wie ein wärmendes Gewand
> An mir geworden ohne Kniff und Stich,
> Wenn auch der Ärmel fällt tief über meine Hand.

Was dem heutigen Menschen spürbarer als den Menschen zu ihrer Zeit geworden ist: Einsamkeit ist das Motiv ihrer Dichtung. Doch sie erscheint nicht verzagend, sondern fast unsentimental hingenommen. Einsamkeit aus Unberechenbarkeit der Welt und der Menschen, Einsamkeit gegenüber den daraus entstehenden Grausamkeiten ist auch das Problem der Gedichte, die der jüdischen Geschichte gelten. Machtlosigkeit der Unterdrückten, der Wehrlosen zeichnet Gertrud Kolmar in vielen Vergleichen mit der kreatürlichen Welt. Auch in ihnen prangert sie gemeine Herzlosigkeit an. So sind ihre Gedichte revolutionär im wägenden Bereich ihrer Menschlichkeit.«

Sammelmarke mit dem Wappen von Ahlen (s. 7/6)

8 ›Die Frau und die Tiere‹

Mit dem Jahre 1927 begann, wie bereits erwähnt, die bedeutendste Schaffensperiode Gertrud Kolmars, und innerhalb eines Jahrfünfts läßt sich die Entstehungszeit ihrer drei großen Zyklen ›Weibliches Bildnis‹, ›Kind‹ und ›Tierträume‹ sogar noch genauer eingrenzen: Diese Zyklen waren in ihrer ursprünglichen Form spätestens Ende 1932 abgeschlossen, denn zu diesem Zeitpunkt – wenn nicht schon früher – existierte eine erste Auswahl aus allen drei Reihen, die von Gertrud Kolmar für eine geplante Veröffentlichung selbst zusammengestellt worden ist. Sie umfaßte 38 Gedichte und trug bereits den Titel der späteren Buchausgabe ›Die Frau und die Tiere‹, wich von dieser aber in Auswahl und Gruppierung der Texte erheblich ab (siehe Nr. 8/1).

Belegt wird dieser Vorgang einerseits durch ein erhaltenes Titelblatt mit Inhaltsverzeichnis, andererseits durch den Briefwechsel zwischen Ina Seidel und ihrem Verleger Gustav Kilpper von der Deutschen Verlags-Anstalt Stuttgart im Februar 1933. Wieder ist auf die Mittlerrolle Ina Seidels für Gertrud Kolmar hinzuweisen. Und auch darauf, daß alle bisher bekannt gewordenen Bemühungen Ina Seidels um das Werk einer noch unbekannten Dichterin nur den Schluß zulassen, daß diese einen ziemlich intensiven, fast mütterlich wirkenden persönlichen Kontakt zu Gertrud Kolmar gefunden hat. In ihrem Brief vom 4. Juni 1946 (siehe Nr. 6/9) tut sie diese persönliche Beziehung aber als eher unbedeutend und kurzfristig ab, desgleichen in einem weiteren Brief an Peter Wenzel. Sie schreibt am 6. Januar 1947:

»Leider habe ich nie eingehend mit ihr korrespondiert, da wir in der Zeit unser[er] kurzen persönlichen Annäherung Gelegenheit hatten, uns zu sehen, und weil sie dann nach meinem Wegzug von Berlin völlig für mich verstummte...« Hier möchte man den Schluß ziehen, Ina Seidel habe aus den bekannten historischen und persönlichen Gründen ihre positive Rolle für Gertrud Kolmar nicht durchhalten können. Von dritter Seite, durch Karl Josef Keller, ist außerdem überliefert, daß Gertrud Kolmar das Ende ihrer Verbindung zu Ina Seidel als tragische Enttäuschung erlebt hat:»G. K. beklagte sich auch bei mir über den plötzlichen Gesinnungswechsel ihrer ›arischen‹ Bekannten, die zuvor für ihre Arbeiten eingetreten waren. In diesem Zusammenhang nannte sie u.a. eine der bekanntesten deutschen Schriftstellerinnen, die m. E. in Berlin wohnhaft war u. sich distanziert hatte.« (Brief an Johanna Woltmann vom 18. Februar 1979; auf Rückfrage bestätigte Keller, daß es sich um Ina Seidel gehandelt hatte.)

Als Gertrud Kolmar 1938 erneut den Versuch unternahm, ihre nun stark erweiterte Sammlung ›Die Frau und die Tiere‹ zu publizieren, hatte sie bereits Rückhalt beim Jüdischen Kulturbund gefunden, auf dessen Berliner Vortragsabenden ihre Gedichte von 1936 an rezitiert wurden. Einige wichtige Mitarbeiter in den noch vorhandenen jüdischen

Presseorganen wie der Theater- und Literaturkritiker Hugo Lachmanski, der Kritiker und Schriftsteller Kurt Pinthus, bekannt durch seine Anthologie expressionistischer Lyrik, ›Menschheitsdämmerung‹ von 1920, und der Jurist und Erzähler Jacob (Jakob) Picard, der in seinem Novellenband ›Der Gezeichnete‹ (1936) das Leben der jüdischen Bauern in Süddeutschland schildert, setzten sich von dieser Zeit an für sie ein. Pinthus hatte sie 1936 in seiner Anthologie ›Jüdische Lyrik der Zeit‹ in der ›Central Verein-Zeitung‹ besonders hervorgehoben, und Picard, der die Dichterin 1937 kennenlernte, wies schon im amerikanischen Exil (1942) und erst recht in der Nachkriegszeit auf die Bedeutung ihrer Lyrik hin.

1 Gertrud Kolmar: Die Frau und die Tiere

Typoskript. Titelblatt und Inhaltsverzeichnis

Auf beiden Blättern befindet sich jeweils eine Korrektur in Tinte in der Handschrift Gertrud Kolmars. Alle Eintragungen in Bleistift und Rotstift stammen von Hermann Kasack und betreffen die spätere Drucklegung. Daß es sich um jene Fassung handelt, die Ina Seidel an ihren Verleger Gustav Kilpper geschickt hat, geht aus dem folgenden Gutachten Martin Langs, des schwäbischen Literaten, Mundartdichters und langjährigen Lektors der Deutschen Verlags-Anstalt, hervor: Alle seine Angaben von Seitenzahlen bei einzelnen Gedichten entsprechen den Seitenzahlen des vorliegenden Inhaltsverzeichnisses *(siehe auch Anhang, S. 178 f.)*

2 Martin Lang: Betr. Gertrud Chodziesner (Gertrud Kolmar)

Lektoratsgutachten vom 14. Februar 1933, 1 Bl. (2 S.).

»Das vorliegende Manuskript enthält zwar eine Reihe von guten Gedichten und noch mehr einzelne schöne Verse als Gedichte. Als Ganzes aber hat es – in der vorliegenden Gestalt – noch nicht die unbedingt überzeugende Gültigkeit und selbstherrliche Kraft, die ein neues Gedichtbuch haben muß, um sich durchzusetzen.

So muß man z. B. erst auf Seite 18 zu lesen anfangen. ›Die Hässliche‹ – das ist ein eigentümlich schönes, originelles Gedicht. Mit dem kriechenden Getier, das, wenns regnet im Walde auf den nassen Gründen zum Vorschein kommt, mit der verzauberten wildfremden Kreatur, mit Wechselkröte, Spinne, Salamander, Unke vergleicht sich ›die Hässliche‹; sie ist selbst ›ein armer verzuckender Wurm und nackt, wo Schönheit kleidet, und schmucklos, wo Anmut kränzt...‹

Ein Märchenton klingt durch diese Dichtungen. ›Die Frau‹ tauscht mit ›den Tieren‹, Namen, Wesen, Gestalt, Schicksal. Sie träumt sich als Fledermaus, vertauscht dann

Auf den beiden folgenden Seiten: Inhaltsverzeichnis des ursprünglichen Zyklus ›Weibliches Bildnis‹ mit handschriftlichen Auszeichnungen für die Drucklegung von Kasack (s. 8/9)

28

~~Das/Tier~~

Das Tier

Die Frau mit dem
  Adlerweibchen +   37

Die Kranke   45

Die Müde   34

Die Erzieherin 31

Die Kindlose 30

VIERTER RAUM

Die Hässliche + 38

Die Tänzerin 2

Die Stickerin

67

68 Die Erstarrte

69 Die Verlassene + 46

70 Die Alternde

71 Die Lumpensamm-
      lerin   44   welle

72

73 Die Begrabene

74 Die Sinnende + 48

75 Die Leugnerin + 48

76 Die Beterin 49

allerdings Fledermaus – und Vampyrgestalt. Bei diesem Gedicht (ebenso bei dem ersten ›Mädchen‹) spielen auch Gehirn-Phantasien eine Rolle; Komplexe werden abreagiert.

Also Naturanschauung, Naturerlebnis, Märchenton und als Zugabe literarische Würze, Pfeffer, Ingwer, Pulver aus Freuds Apotheke.

Das ›Irrationale‹ in diesen Versen spricht sich in dem Gedicht ›Eine Mutter‹ (S. 63/64) aus, am Schluß heißt es:

> ›Ich spreche irr. Mein Dunkel ruft dich mir.
> In meinem Tage bist du nicht.‹

Einzelne gute Gedichte: Die Rehe S. 31; die Unke, S. 38; Trauerspiel, S. 40; Aquarium, S. 51. Literarische Vorbilder. Werfel (Die alte Jungfer, S. 77) – vor allem aber Ina Seidel. Viele Gedichte haben den Seidel'schen Rhythmus und etwas von ihrer Weltinnigkeit, ihrem Schwung und Schmelz der Worte und Sätze; und von ihrer Art, die Wirklichkeit als kleine oder große Legende, als Märchen aus Grimm oder Tausend und eine Nacht zu erleben. Aber – um wieviel ursprünglicher war Ina Seidel als sie anfing, und um wieviel reifer ist ihre Kunst heute! Sie hat ein wunderbares Doppelvermögen: es quillt in ihren Gedichten reich und rein, oft leidenschaftlich empor, es quillt lebendig – und doch bildet sich das Gedicht sogleich zum Kristall nach seiner eigengesetzlichen Form. Gertrud Kolmar müht sich noch um das »Singen und Sagen«, und wo die Intuition aussetzt, wo das Elementare nachlässt, da hilft der Intellekt weiter und künstelt oder radebrecht daran herum.«

Gustav Kilpper machte sich Langs Beurteilung zu eigen. Schon am folgenden Tag, dem 15. Februar 1933, schickte er Ina Seidel seine Ablehnung:

»…Ganz besonderen Dank schulde ich Ihnen für die liebenswürdige Übersendung der Gedichte von Gertrud Kolmar. Ich habe sie sofort gelesen und auch Herrn Martin Lang zur Beurteilung gegeben, wobei ich nichts davon sagte, daß die Gedichte mit Ihrer Empfehlung eingegangen seien.

War ich selbst schon von verschiedenen Gedichten fremd und kühl berührt, so wurde diese Empfindung bestätigt und verstärkt durch das Urteil Martin Langs, der, wie Sie wissen, ein ganz ungewöhnlich feines Gefühl für gute Lyrik hat und so ziemlich alles kennt, was echt und bedeutend ist. Auch Martin Lang kommt zu dem Ergebnis, daß die Kenntnis guter Vorbilder und der scharfe Intellekt der Autorin stärker zum Ausdruck kommt als eine ursprünglich quellende dichterische Begabung. Wo ich Herrn Lang auf mir besonders glücklich erscheinende Bilder und Wendungen hinwies, konnte er mir fast überall Stellen aus Rilke, Werfel, Ina Seidel, nennen, die reiner, ursprünglicher und besser wirken. Da Sie sein Urteil zweifellos interessieren wird, lasse ich hier eine Abschrift folgen. Sie werden uns sicher nicht böse sein, wenn wir bei dieser Betrachtung und Einschätzung der Gedichte von einer Veröffentlichung absehen möchten...«

In einem weiteren Brief vom 28. Februar 1933 an Ina Seidel bezieht sich Kilpper nocheinmal auf das Manuskript Gertrud Kolmars:»Das mir freundlichst übersandte Manuskript der Getrud Kolmar lasse ich Ihrem Wunsche zufolge an die Buchhandlung August Friedrich Velmede, Charlottenburg 1, Cauerstr. 6, weiterleiten. Ich hoffe, daß Sie mir die Absage nicht übelgenommen haben.

Wie gerne ich sonst Ihrem Rat und Ihrer Empfehlung folge, zeigt ja die bevorstehende Veröffentlichung des erzählerischen Erstlingwerkes von Erika Mitterer.« In der Nacht vom 27. auf den 28. Februar hatte der Reichstag gebrannt.

3 Gertrud Kolmar: Mein Kind

Typoskript, undatiert. 72 Bl.

Dieser aus den Originaltyposkripten bestehende Zyklus umfaßt 31 Gedichte und das Inhaltsverzeichnis (mit Durchschlag), jedoch kein Titelblatt. Aus dem Inhaltsverzeichnis befindet sich rechts unten die handschriftliche Notiz Gertrud Kolmars:»Die mit + bezeichneten Gedichte s. Sammlung ›Die Frau und die Tiere‹« *(siehe Anhang S. 174).*

4 Gertrud Kolmar: Mein Kind

Typoskript, undatiert. 61 Bl.

Das Typoskript dieses zweiten, gekürzten Zyklus besteht aus Durchschlägen des ersten. Ein Titelblatt und ein Inhaltsverzeichnis (mit Durchschlag), das 25 Gedichte des ersten Zyklus in neuer Reihenfolge umfaßt, wurden neu auf etwas kleinere Blätter geschrieben. Die Umstellung und Kürzung ist festgehalten auf dem Durchschlag des Inhaltsverzeichnisses des ersten Zyklus *(siehe Anhang S. 175).*

5 Kurt Pinthus

Photographie. John Graudenz. 14,9×12,3 cm.

Pinthus' Name stand 1933 auf der ersten Liste verbotener Autoren. Bis August 1937, bis zu seiner ersten Flucht nach New York, arbeitete er an verschiedenen jüdischen Blättern mit, so an der in Berlin erscheinenden ›Central Verein-Zeitung‹, am ›Gemeindeblatt‹ oder an der ›Jüdischen Rundschau‹. Zwischen Dezember 1937 und Mai 1938 hielt sich Pinthus illegal in Deutschland auf. Es gelang ihm, seine Bibliothek, seine Sammlungen und Manuskripte nach Amerika zu retten.
Am 9. April 1936 druckte die ›C.V.-Zeitung‹ eine dreiseitige»Anthologie« ›Jüdische Lyrik der Zeit‹ mit einer längeren Einführung von Kurt Pinthus. Er stellte 31 in Deutschland lebende Autoren seinen Lesern vor. Unter ihnen finden sich die Namen von Arno Nadel,

Ernst Blaß, Ludwig Meidner, Nelly Sachs, Mascha Kaléko, Arthur Silbergleit, Jakob Picard, Leo Hirsch, Willy Blumenthal, Ilse Weiß (später I. Blumenthal-Weiß). Von Gertrud Kolmar wurde ›Die Tochter‹ aufgenommen. Nicht berücksichtigt wurden bereits emigrierte Dichter wie Karl Wolfskehl oder Else Lasker-Schüler, denn:»Die Redaktion hat die Absicht, ihren Lesern einen Überblick zu geben: was und wie heute in Deutschland von Juden gedichtet wird.« Über Gertrud Kolmar schreibt Pinthus: »Der besondere Ehrgeiz dieser Auswahl ist es, bisher unbekannte Talente vorzustellen, die besonders unter den Frauen gefunden wurden. Da ist … abseits von allen anderen stehend: die an Phantasie und Ausdruckskraft reichste Begabung, Gertrud Chodziesner, mehr als eine Begabung, – eine Traumwandlerin, der die Grelle der Realität und des Animalischen in der Umgestaltung zur unheimlichen Vision einen Weg in jenes Reich gewährt, das Goethe das der Mütter nennt.«

6 Jacob Picard

In Long Island bei Julius Bab, kurz vor dessen Tod. Photographie, um 1954. 10,7 x 7,4 cm (Manfred Bosch, Rheinfelden)

Der aus Wangen am Untersee stammende Dichter lebte von 1936 bis Ende 1938 im »Hirschen« in Horn auf der Höri, dann, bis zu seiner Flucht aus Deutschland, in Berlin. Aus einem Brief an Peter Wenzel (7. August 1948) geht hervor, daß er sich für das Erscheinen des Bandes ›Die Frau und die Tiere‹ persönlich eingesetzt hat:

»…Mit ihr [Gertrud Kolmar] bin ich die letzten beiden Jahre meiner Tage in Deutschland manchmal, nicht zu oft, zusammen gewesen, und zwar meistens in Gegenwart des alten Vaters, dieses praechtigen Menschen aus den alten Tagen in der Wohnung im Bayrischen Viertel, da ich die letzten beiden Jahre meines – Jahrhunderte langen – deutschen Lebens in Berlin verbracht habe und erst im Oktober 1940 ueber Russland und Asien entkommen bin.

Wie ich Ihre Schwaegerin kennen lernte? Ich lebte von 1935 – Ende 1938 wieder in und nahe meinem Heimatdorf am Bodensee. Während dieser Zeit war mein Band juedischer Erzaehlungen ›Der Gezeichnete‹ bei der ›Juedischen Buchvereinigung‹ in Berlin erschienen, deren einer Leiter Erich Lichtenstein war. Er sandte mir eines Tages das Manuscript eines Gedichteftes einer mit unbekannten Dichterin G. Ch. mit der Frage, was ich davon halte. Ich hatte es keine zwei Tage bei mir, als ich ihm schrieb, er solle es sofort publicieren. Wir hatten ja alle das Gefuehl, dass es nicht mehr lange moeglich sein werde unter uns; es war ja 1937 schon. Meine Begruendung fuer den Rat werden Sie sich denken koennen. Es wurde ›Die Frau und die Tiere‹. Sie schrieb mir darauf sehr bald, und als ich nach Berlin kam mehr als ein Jahr spaeter, da war es selbstverstaendlich, dass wir uns sahen…

Es ist selbstverstaendlich, dass ich begierig bin, Gertruds Prosa- und dramatische Arbeiten kennen zu lernen, von denen ich bisher gar nichts gesehen habe. Ich wusste nur, dass sie an einem Drama schaffe. Aber ich habe nicht einmal dessen Stoff erfahren. Sie war ja so scheu und hat ganz wenig ueber sich gesprochen, vor allem nicht ueber das, woran sie gerade schuf. Sie wissen es selbst.«

Es haben sich, aus den Jahren 1937 bis 1939, insgesamt vier Schreiben Gertrud Kolmars an Jacob Picard erhalten. In einer Briefkarte vom 7. Juli 1938 heißt es bezüglich der Typoskripte für den Band ›Die Frau und die Tiere‹:

»Nun habe ich eine Bitte: würden Sie so freundlich sein, mir meine beiden, Ihnen damals übersandten Verszyklen ›Tierträume‹ und ›Weibliches Bildnis‹ wiederzuschicken? Beide werden nämlich (in einem Bande) jetzt gerade vom Erwin-Löwe-Verlag gedruckt, und es ist kein Mißtrauensvotum Ihnen gegenüber, sondern nur eine Folge meiner dem Verlag gegenüber eingegangenen Verpflichtungen, daß ich ›meine Siebensachen‹ nun wieder gern hier bei mir haben möchte. Sollten Sie die Gedichte noch ab und zu gern lesen oder sollte es noch Ihre Ansicht sein, darüber zu schreiben (dies würde auch Herrn Dr. Lichtenstein sehr freuen), so werde ich Ihnen das Büchlein, das im August unter dem Gesamttitel ›Die Frau und die Tiere‹ erscheinen soll, gern zuschicken.«

Diesem Brief ist zu entnehmen, daß offensichtlich Gertrud Kolmar es war, die Jacob Picard das Typoskript ›Die Frau und die Tiere‹ zugeschickt hatte. Auch scheint, nach den anderen Schreiben zu urteilen, eine persönliche Bekanntschaft zwischen Picard und der Dichterin schon 1937 zustande gekommen zu sein. Dies sind jedoch nur marginale Erinnerungslükken des Dichters Picard; sein Verdienst bleibt, daß er das Typoskript von ›Die Frau und die Tiere‹ gegenüber Erwin Lichtenstein sehr positiv beurteilte. Auch hatte er bereits im November 1937 in einem kleinen Aufsatz zu dem Thema ›Der schöpferische Augenblick‹ Gertrud Kolmar einen höchsten Rang in der Dichtkunst zugewiesen.
»Wir lesen, noch mehr: wir hören die mythischen Klänge etwa Alfred Momberts oder die grossen Strophen Gertrud Chodziesners, Dichter unserer Art, die beide unter uns armen Heutigen leben, und denken daran, dass Dostojewski in den ›Brüdern Karamasow‹ den Dichter Joukowsky in einem seiner unerhörten Gleichnisse sagen läßt ›Dichtung ist Gott in den heiligen Träumen der Erde‹ ...« *(In: ›Central Verein-Zeitung‹, XVI. Jg, Nr. 45 vom 11. November 1937)*

7 Gertrud Chodziesner: Die Frau und die Tiere
Berlin: Jüdischer Buchverlag Erwin Löwe 1938. Aufgeschlagen die Seiten 62/63.

8 Gertrud Kolmar: Die Einsame
Typoskript aus dem Zyklus ›Weibliches Bildnis‹, 2 Bl.

Die Einsame

Ich ziehe meine Einsamkeit um mich.
Sie ist so wie ein wärmendstes Gewand
An mir geworden ohne Kniff noch Stich,
Wenn auch der Aermel fällt tief über meine Hand.

Ein Unbekannter hat ihr Mass gezirkt,
Die fremdes Antlitz fühlt als trübes Wehn;
Die grossen Schwarzhalsschwäne sind gewirkt
In ihre Falten; aber ich nur kann sie sehn.

Es tun sich meine innren Blicke auf
– Ein Pfauenauge, das die Flügel schliesst –
Und schaun der Welle jadefarbnen Lauf,
Die alle Säume licht und strömend übergiesst.

Sie feuchten so wie einer Elbe Haar.
Sie tragen noch den Fluss. Sie schleppen tief.
Und graues Berggestade fängt das Jahr,
Das wie ein Vogel ängstlich seine Tage rief.

Und nun ist Schweigen. Und das Kleid schwillt nun.
Und ich muss wachsen, dass es mir noch ziemt,
Drin Fische, wie sie niemals wirklich tun,
Um meine Brüste schweben, purpurblau gekiemt.

Der Erde Körner sind hineingesät.
Aus meiner Schulter bricht ein Felsengold,
Das Tuch durchschimmernd, das sich schleift und bläht
Und langsam über meiner Stirn zusammenrollt.

Aus dem Zyklus ›Weibliches Bildnis‹

9 Gertrud Kolmar: Weibliches Bildnis
Typoskript, 40 Bl.

Das Typoskript ist unvollständig. Es fehlen die für die Buchausgabe ausgewählten Gedichte. Kein Titelblatt.

Aufgelegt ist das Inhaltsverzeichnis mit den Gruppierungen Erster bis Vierter Raum. Es enthält den ganzen ursprünglichen Zyklus, wie er spätestens um das Jahresende 1932 vorgelegen hat, und trägt wie die Zyklen ›Mein Kind‹ und ›Tierträume‹ die handschriftliche Notiz Gertrud Kolmars:»Die mit + bezeichneten Gedichte sind in der Auswahl ›Die Frau und die Tiere‹.«

10 Gertrud Kolmar: Tierträume
Typoskript, 45 Bl. Gezeigt Blatt 19 nach der ursprünglich fortlaufenden Numerierung der Seiten.

Das Typoskript ist unvollständig. Es fehlen die für die Buchausgabe ausgewählten Gedichte. Kein Titelblatt.

Der Dramaturg, Literaturkritiker und Redakteur Hugo Lachmanski (*7. 1. 1872 in Berlin, †8. 7. 1943 in Theresienstadt) hat von 1936 an die Vortragsabende von Erna Leonhard (Feld; geb. Hirschfeld, *23. 6. 1893 in Berlin, verschollen in Auschwitz), auf denen Gedichte Gertrud Kolmars rezitiert wurden, als Kritiker begleitet. Er hob dabei stets die besondere Qualität der Kolmarschen Arbeiten hervor. Auch das Bändchen ›Die Frau und die Tiere‹ wurde von ihm rezensiert:

11 Hugo Lachmanski: Zu Gertrud Chodziesners Gedichtsammlung
Central Verein-Zeitung, XVII. Jg, Nr. 38 vom 22. September 1938, 2. Beiblatt: Neubau des Lebens, S. 10

»...Das Bändchen Gedichte, das jetzt vorliegt, gibt willkommene Gelegenheit, das bisherige Gesamtschaffen einer Dichterin zu überblicken, deren Weg sich nicht in das dürre Gestrüpp des Lyrisch-Konventionellen verliert, sondern die einsam ihre Straße zieht, wirklich-unwirklich, ausgestattet mit dem Rüstzeug einer ganz ungewöhnlichen Diktion, hinausstrebend in ein geheimnisvolles Reich phantastischer Visionen...
[Der] echten, tief empfundenen Naturlaute gibt es nur wenige in Gertrud Chodziesners Lyrik; denn das hervorstechende Kennzeichen dieser Lyrik ist das Barock, eine Sprache von einer geradezu verschwenderischen Fülle absonderlicher Bilder und ornamentalmalerischen Zierats. Die Dichterin schwelgt in Farben, wie sie – aus neuer Zeit – eigentlich nur Arthur Rimbaud, der französische Symbolist, auf seiner Palette hat. Was auch immer bei der Dichterin diesen Farbensinn geweckt haben mag – ob es nur ein pretiöses Spiel mit Worten ist oder, echt romantisch, einer besonderen Seelenstimmung entspricht – dies Sonnenbraun und Rosenrot, dies Pfauenblau und Orangen, dies

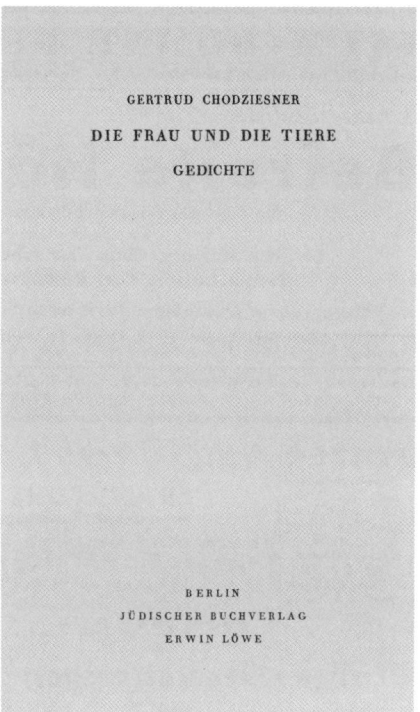

GERTRUD CHODZIESNER

DIE FRAU UND DIE TIERE

GEDICHTE

BERLIN
JÜDISCHER BUCHVERLAG
ERWIN LÖWE

Umschlag und Titelblatt des Bandes ›Die Frau und die Tiere‹ (s. 8/7)

Schwarzgrünlich und Silberfarben, dies Apfelsinengelb und Smaragden, dies Kupfern und Graubläulich präsentiert sich als das überreiche, schmückende Beiwerk einer Verssprache, über der sich dann noch die kühnsten, abgelegensten Metaphern wie schwere, dunkle Kuppeln wölben...
Man möchte wünschen, daß Gertrud Chodziesner auf diesem Wege weiterschreitet; daß sie die verschlungenen Pfade des allzu Abseitigen meidet; daß sie aus dem verhangenen Bereich dunkler Seelenmächte in die karge, freie, allumfassende Natur hinaustritt; daß sie die Sprache weiter meistert, aber mit dem Füllhorn der Bilder sparsamer umgeht; vor allem aber, daß sie immer mehr erkennen lernt: nur das, ›was fühlt‹, nur ›ein volles, von einer Empfindung übervolles Herz‹ macht den Dichter.«

Auf der folgenden Seite: Anzeigen aus dem ›Jüdischen Nachrichtenblatt‹ vom 24. Mai 1940 (s. 9/6)

9 ›Das Wort der Stummen‹

Daß dieser von August bis Oktober 1933 entstandene Gedichtzyklus erhalten blieb, ist Hilde Benjamin, geborene Lange, zu verdanken, die nach dem Zusammenbruch des NS-Regimes das Amt der Vizepräsidentin des Obersten Gerichtshofes der DDR und von 1953–1967 das der Justizministerin übernommen hatte. Sie war seit 1926 mit Georg Benjamin, dem jüngeren Bruder Walter Benjamins, dem sozial engagierten Arzt und politisch aktiven Kommunisten, verheiratet, der am 26. August 1942 in Mauthausen ermordet wurde. In ihren ›Erinnerungen an Gertrud Kolmar‹ in der Erstausgabe des Gedichtbandes ›Das Wort der Stummen‹ 1978 berichtet sie, wie sie selbst in den Besitz des Manuskriptes gekommen ist: »Und bald nach Onkel Ludwigs Tod [gemeint ist wahrscheinlich dessen Deportation] gab sie mir ein Päckchen Manuskriptblätter: ›Nimm‹. Ich nahm sie als Vermächtnis, ungelesen. Ich wagte mich an sie so wenig wie an die Briefe und Papiere meines Mannes. Mit ihnen waren sie verpackt, versteckt und verwahrt. So verwahrt, wie das Erleben dieser Jahre zunächst tief versank und ich nicht daran zu rühren wagte. Als ich vor einigen Jahren an das Ordnen der Papiere meines Mannes ging, waren auch die vorliegenden Gedichte in unseren Händen.« (S. 49)

Diese Gedichte mit aktuell politischem Inhalt stellen einen sehr selbstbewußten Akt des Widerstandes dar; Protest gegen die antijüdische Hetze hatte sich bei Gertrud Kolmar zuvor schon einmal in der Erzählung ›Die jüdische Mutter‹ von 1930 manifestiert, und auch später noch, in den Dichtungen zur Französischen Revolution, finden sich Spuren davon. Eine scheinbar weltabgewandte Lyrikerin, fern aller politischen Aktivität, erhebt ihre

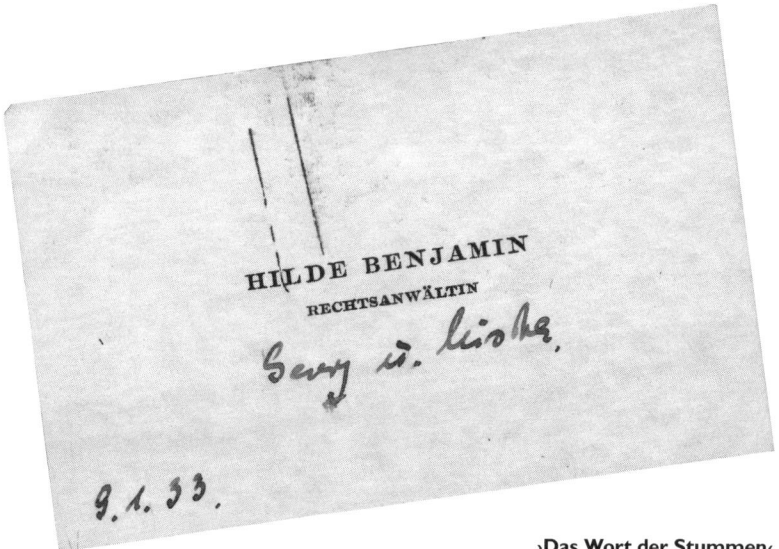

Stimme gegen die politische Wirklichkeit; sie formuliert ihre Anklage in verhältnismäßig einprägsamer, schlichter Diktion, aber auch so kraß realistisch, daß sie sich mit diesem Tun bereits in Gefahr begibt: »Denn da dieses Blatt sie finden, werden sie mich ergreifen. / Herr, gib, daß ich wach mich stelle deinem heiligen großen Gericht, / Dann, wenn sie an blutendem Schopf durch die finsteren Löcher mich schleifen!« (›An die Gefangenen‹) Identifikation mit den Leidenden ist der allgegenwärtige Affekt, mit dem Gertrud Kolmar allen Erscheinungen von Unrecht in der Welt begegnet. 1933 erlebt sie den Schock des Umsturzes nicht nur am Rande mit oder sieht eine noch vage Bedrohung auf sich zukommen. Sie weiß vielmehr bereits jetzt Menschen aus ihrem familiären Umkreis dem Terror in den ersten Konzentrationslagern ausgeliefert. Am 12. April 1933 war Georg Benjamin in »Schutzhaft« genommen worden; er war zunächst im Berliner Polizeipräsidium am Alexanderplatz inhaftiert, kam Anfang Mai in das Gefängnis Plötzensee und wurde etwa im September in das Konzentrationslager Sonnenburg überführt. Am 16. Juni 1933 schrieb Walter Benjamin aus der Schweiz: »Mein Bruder ist im KZ-Lager. Gott mag wissen, was er da durchgemacht hat, aber die Gerüchte über seine Verwundungen sind jedenfalls in einem Punkt übertrieben gewesen. Er hat kein Auge verloren. Ich habe das kürzlich von seiner Schwester erfahren« (›Briefe‹, Bd. 2, S. 579).

Einzelheiten über diese erste bis zum 24. Dezember 1933 dauernde Gefangenschaft Georg Benjamins hat Hilde Benjamin in der 1977 erschienenen Biographie ihres Mannes festgehalten.

Schon aufgrund der Tatsache, daß es sich in diesem Fall um ihren Vetter handelte, hat Gertrud Kolmar damals Informationen bekommen von den Haftbedingungen, Mißhandlungen und Folterungen in den Lagern; schließlich waren die Familien Benjamin und

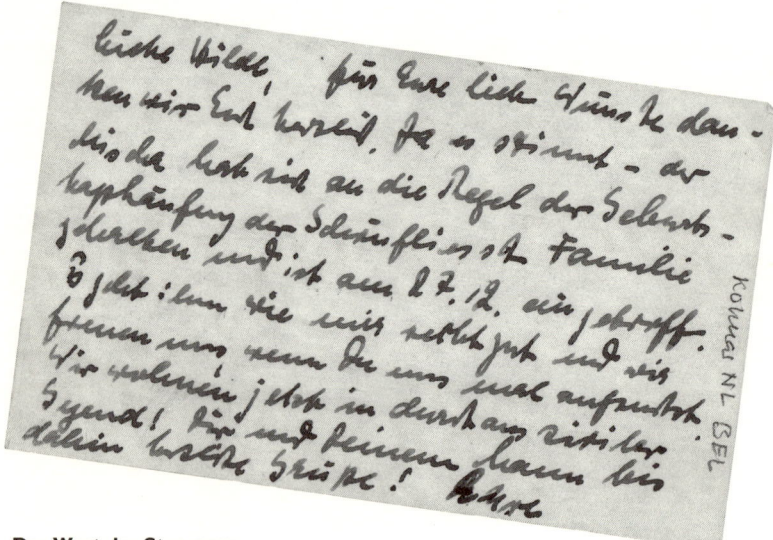

Chodziesner von allen wichtigen Ereignissen, die einzelne Familienmitglieder betrafen, stets wechselseitig unterrichtet. Dies geht ebenfalls aus Hilde Benjamins Erinnerungen hervor. Die häufigen Anspielungen auf das malträtierte oder verlassene Kind in den Gedichten der Sammlung ›Wort der Stummen‹ könnten ebenfalls einen Reflex auf die familiäre Situation darstellen; denn als Georg Benjamin verhaftet wurde, war sein Sohn Michael gerade dreieinhalb Monate alt. Es ist außerdem möglich, daß Gertrud Kolmar über eventuelle Kontakte ihres Vaters zu Opfern oder Verwandten von Opfern der ersten Verhaftungswellen weitere konkrete Einzelheiten über die Praxis der Verfolgungen erfahren hat.

Gertrud Kolmar besitzt in diesen Monaten ein so hohes Maß an seelischer Kraft, daß sie ihrer Empörung in ihrem eigensten Medium, dem Gedicht, Ausdruck zu verleihen vermag. Alle ihre im September und Oktober 1933 entstandenen Gedichte sind Zeugnisse dieser Empörung und dieser Kraft. Es ist im Zusammenhang der vorliegenden Dokumentation nicht erforderlich zu diskutieren, in wieweit diese Gedichte künstlerisch Bestand haben werden: Sie ergreifen heute noch unmittelbar aufgrund der Drastik des dargestellten Leidens, der Intensität des dichterischen Mitleidens und der Schärfe der Kritik am Regime. Es gibt vermutlich wenig Vergleichbares in der deutschen Literatur dieser Zeit, weniges, das in solcher Nähe zur erlebten Situation sich gleichwohl so einprägsam zu artikulieren vermochte. Als Pinthus 1936 seine Zeitungs-Anthologie ›Jüdische Lyrik der Zeit‹ veröffentlichte, wies er darauf hin, wie schwierig es sei,»sogleich und unmittelbar ... das schmerzende Erlebnis zu dichterischem Wort« werden zu lassen. Hier, bei Gertrud Kolmar, scheint gelungen, was im Grunde gar nicht aufgeht – das Gedicht über das konkrete Leiden und Sterben. Es ist gelungen – oder kommt in die Nähe des Gelingens –, weil es schlichter, kunstloser ist als sonst, halb Kunst, halb Agitation:»halb geritten, halb gegangen«, wie es im Märchen heißt.

1 Gertrud Kolmar: Das Wort der Stummen

Manuskript, 18. August – 25. Oktober 1933. 32 Bl. (Stiftung ›Neue Synagoge Berlin – Centrum Judaicum‹, Berlin)
Gezeigt S. 32 mit der ›Anordnung‹

2 Gertrud Kolmar: Der Mißhandelte

Manuskript, 15. Oktober 1933

Der Mißhandelte

In meiner Zelle brennt die ganze Nacht das Licht.
Ich stehe an der Wand und schlafen darf ich nicht;

Denn alle zehn Minuten kommt ein Wärter, mich zu schaun.
Ich wache an der Wand. Sein Hemd ist braun.

Die andern kehren wieder, unterhalten sich
Mit meinem Schrein und Stöhnen, lachen über mich,

Sie recken mir die Arme gewaltsam, nennen's Sport.
Ich breche in die Knie... und endlich gehn sie fort.

Ich seh nicht Bäume, Sonne – ob es die wirklich gibt?
Ob wo ein armes Kind noch seinen Vater liebt?

Kein Zeichen mehr, kein Brief – und ich habe doch eine Frau! –
Sie sagten: »Du bist rot; wir schlagen dich braun und blau.«

Sie peitschten mit stählernen Ruten und mein Rumpf war bloß...
O Gott! O Gott! Nein, nein! Ich bin ja glaubenslos,

Ich habe nicht gebetet im Felde, im Lazarett,
Nur abends als kleiner Junge, und die Mutter saß am Bett.

Die Erde ist Kerkergruft, der Himmel ein blaues Loch.
Hörst du, ich leugne dich! Mein Gott... ach, hilf mir doch!

Du bist nicht: wenn du wärst, erbarmtest du dich mein.
Jesus litt für uns alle; ich leide für mich allein.

Ich steh und sinke ein bei Wasser und wenig Brot
Stunden und aber Stunden. Wie gut, wie gut ist der Tod!

Hingelegt... und verschlossen in tiefem, dunklem Schacht.
Keine grelle Lampe. Nur Schlaf. Nur Stille. Nacht...

Aus dem Zyklus ›Das Wort der Stummen‹

3 Hilde Benjamin an Peter Wenzel

Berlin, 6. Juli 1946. Maschinenschriftlicher Brief. 1 Bl.

»Hilde Benjamin

Steglitz, Schloßstr. 24   den 6. 7. 46

Lieber Herr Wenzel!

Ich danke Ihnen für die Unterrichtung, die Sie mir laufend über Ihre Schritte wegen Gertruds Werken geben. Merkwürdigerweise kam Ihr erster Brief gerade, als ich aus meinem Garten die dorthin ›verlagerten‹ Gedichtbändchen mitgebracht hatte. Ich habe vor einigen Tagen Herrn Suhrkamp angerufen; er ist z. Zt. verreist, und wird mich bei seiner Rückkehr anrufen. Vielleicht kann er dann, wenn ich mal einen Abend frei bin, zu mir kommen, und ich freue mich, wenn Sie dann auch kommen. Wissen Sie übrigens, dass die letzten Werke von ihr Prosa-Stücke waren?

Mit herzlichem Gruss!

Ihre

Hilde Benjamin.«

4 Hilde Benjamin und ihr Sohn Michael

Photographie, Ende der dreißiger Jahre. 10,9×13,2 cm (Michael Benjamin, Berlin)

5 Spielzeughündchen aus Glas

3,9 cm hoch (Michael Benjamin, Berlin)

Hilde Benjamin erinnerte sich:»Mir ist ein Bändchen geblieben, eine Erzählung von Wilhelm Schmidtbonn: ›Die Flucht zu den Hilflosen – die Geschichte dreier Hunde‹ (Gustav Kiepenheuer Verlag 1927). Sie gab es mir als eines ihrer liebsten Bücher; meinem Jungen schenkte sie einen kleinen gläsernen Hund – Symbol ihrer Liebe zu dem Hund, den sie als Jüdin nicht mehr haben durfte und unter ihren Lebensbedingungen ja auch nicht haben konnte.« (›Erinnerungen‹, S. 49)

6 Visitenkarte der Rechtsanwältin Hilde Benjamin

Datiert: »9. 1. 33.« mit Zuatz »Georg [Benjamin] u. Mischa.«

Auf der Rückseite der Dank an Hilde Wenzel für die Gratulation zur Geburt von Michael Benjamin:»…Mischa hat sich an die Regel der Geburtstagshäufung der Schönfliesschen Familie gehalten und ist am 27. 12. eingetroffen…«

7 Gertrud Kolmar: Das Wort der Stummen. Nachgelassene Gedichte

Berlin: Buchverlag Der Morgen 1978. Die Erstausgabe enthält ›Erinnerungen an Gertrud Kolmar‹ von Hilde Benjamin sowie ein Nachwort von Uwe Berger.

8 Albert Mathiez: Robespierre terroriste

Paris: La Renaissance du Livre 1921 (Bibliothèque Internationale de Critique. Histoire et Archéologie) (Bayerische Staatsbibliothek, München)

Der Historiker Albert Mathiez wurde für Gertrud Kolmar der wichtigste Kronzeuge für ihre positive Sicht auf Robespierre und die Zeit der Schreckensherrschaft während der Französischen Revolution. 1908 war unter Mathiez' Leitung die Société des Etudes robespierristes gegründet worden, deren Forschungen über die Französische Revolution zu einer differenzierteren Sicht der Rollen von Robespierre und Marat geführt haben. Diesen Neuansatz der Geschichtsforschung haben dann vor allem Georges Lefebfre, Albert Soboul und Jean Massin fortgesetzt.

Einen Hinweis auf die Entstehungszeit von Gertrud Kolmars Studie ›Das Bildnis Robespierres‹ enthält der Satz: »Es hat mich gefreut, daß heut oder morgen im Rathause zu Arras seine Büste enthüllt werden soll.« Eine Büste Robespierres wurde am 15. Oktober 1933 im Rathaus von Arras aufgestellt.

9 Gertrud Kolmar: Das Bildnis Robespierres

Typoskript, entstanden im Herbst 1933. 29 Bl.
Auf Blatt 1 ist der Name »Kolmar« handschriftlich mit »Chodziesner« überschrieben.

10 Gertrud Kolmar: Robespierre

Typoskript, entstanden ca. 1934. 88 Bl., handschriftlich numeriert von Blatt 3 bis Blatt 90. Titelblatt und Inhaltsverzeichnis fehlen. Gezeigt S. 3

Aus dem Titelblatt des Schauspiels ›Cécile Renault‹ (s. 9/11)

Die Gestalt Robespierres gewinnt in diesem Gedichtzyklus eine messianische Dimension, worauf bereits die Motti aus dem Propheten Jesaja hinweisen. Der Zyklus besteht überwiegend aus historischen Balladen, wird aber durch hymnenartige Gedichte auf Robespierre als die Symbolfigur einer »unbeugsamen Gerechtigkeit« und durch Ansprachen der Dichterin an ihn als das Objekt ihrer liebenden Verehrung strukturiert. Auch ›Maximilian‹ Robespierre ist für sie Kind, ihr Kind.

11 Gertrud Kolmar: Cécile Renault. Schauspiel in vier Aufzügen

Typoskript, 24. November 1934 – 14. März 1935. 87 Bl.
Auf dem Titelblatt handschriftlich die Adresse »Gertrud Chodziesner, Finkenkrug (Osthavelland), Manteuffelstr. 9–13.« und die Namenskorrektur »KOLMAR« in »Chodziesner«.

Mit ›Cécile Renault‹ versuchte Gertrud Kolmar in Form eines Dramas eine weitere Annäherung an die Gestalt Robespierres. Wenige Wochen vor seinem Sturz weiß Robespierre, daß seine Politik gescheitert ist, daß er Intrigen zum Opfer fallen wird. Er enttäuscht die messianischen Erwartungen seiner Anhänger und überläßt eine Gruppe harmloser Sektierer und schließlich Cécile Renault, die ein Messer gegen sich selbst, nicht gegen ihn gezückt hatte, der Verurteilung durch den Sicherheitsausschuß der Revolution. Er weigert sich wider besseres Wissen, die Verurteilten zu retten, um nicht als Märtyrer und Heiliger vor der Öffentlichkeit dazustehn. So verliert er seinen letzten Anhänger Julien. Er weiß zuletzt:
»Nun bin ich allein. Allein... Nun habe ich alles zum Opfer gebracht. Auch mein Andenken bei der Nachwelt.«

Voraussichtlich Reihe übersetzen
sauber original- getilte.
Als Übertragung wird, wie aus polit. Gründen von Abdr. Kolumne
in der richtigen Zeilen empört!   G.

[S I E B E N   G E D I C H T E

aus

"G e r m a n   S e a"   v o n   H e l e n   L o d g e r s

Nach dem Englischen
~

xxxxxxxxxxx

an Helen

Leda

On the Alster

Nights

Watching thy Sleep...

The Worshipful Company of Seafaring Men

Travemuende

K —   Sea-Monster

xxxxxxx

Alle aufnehmen! G.

Doppel vorhanden,
das im Text und
über Vorlage abgestimmt
werden muß.

Sieben Gedichte, von Gertrud Kolmar unter dem Titel ›German Sea‹ zusammengefaßt, und der 1937 entstandene Zyklus ›Welten‹ sind, trotz aller Stilisierung ins Mythologische und ins Exotisch-Ferne – im Grunde sogar wegen solcher Stilisierung – charakteristische poetische und autobiographische Dokumente einer unerfüllten und unerfüllbaren Liebe der Dichterin. Ihr Adressat, der bereits genannte Karl Joseph Keller (1902–1989), lernte sie über jene zwei Gedichte kennen, die im ›Insel-Almanach auf das Jahr 1930‹ veröffentlicht worden waren, ›Die Gauklerin‹ und ›Die Entführte‹. Er fühlte sich angesprochen von einem machtvollen, in Bereiche des Geheimnisses, des Zaubers und des »Mythos« hineinreichenden mütterlichen Ich, und er schrieb ihr. Er stellte sich seinerseits vor als ein Besonderer: als Dichter und Abenteurer, einer, der sich »Weite, Meer und Wogen« (aus dem Gedicht ›Mara‹, in: ›Die Vorlese‹) verschrieben hatte, als Seemann und »Klabautermann«. Dieses scheinbar so männliche, selbstsichere Alter Ego eines Mannes, der, wie er später berichtete, früh und für ihn selbst unersetzlich seine Mutter verloren hatte, faszinierte Gertrud Kolmar im selben Maß, in dem er sich durch sie, durch ihre »Mythosnähe«, faszinieren ließ. Zwei Menschen, die sich durch ihre eigenen grandiosen Rollen kennenlernten, und schließlich im November (oder Dezember?) 1934 für wenige Tage in Hamburg, Lübeck und Travemünde zusammentrafen, um sich dann wieder zu trennen: Er, erleichtert, denn die wirkliche Gertrud Kolmar entsprach nicht seiner Wunschvorstellung von der starken, großen und selbstsicheren Partnerin, sie, voll Glück über eine scheinbare, kurzfristige Erfüllung. Das Erleben dieser Tage inspirierte sie zu den sieben Gedichten der ›German Sea‹, über die sie 1943 ihrer Schwester mitteilte: »Meine letzte – und schönste – Reise ging nach Hamburg, nach Lübeck (auf Buddenbrooks Spuren) und Travemünde, und der unverwischbarste Eindruck war eine Winternacht am einsamen Meeresstrande. Mein Reisetagebuch bilden sieben Gedichte … mehr Dichtung als Wahrheit – und doch auch Wahrheit« (›Briefe‹, S. 196 ff.).
Sie gab sich zufrieden mit den wenigen Brosamen, die sie erhalten hatte, klammerte sich an Erinnerungen, gab sich hie und da sogar einer Hoffnung auf Wiedersehen, auf »Rettung« hin. Denn der Briefwechsel ging weiter, bis 1939, mit verdeckten Karten auf seiner Seite; offensichtlich brachte er es nicht übers Herz, ihr die Wahrheit zu sagen: daß er sie nicht liebe, daß er 1937 geheiratet habe, daß er Angst habe, man könne seine nun nur noch freundschaftliche und ausschließlich briefliche Beziehung zu einer Jüdin entdecken.

Auf der gegenüberliegenden Seite: Deckblatt des Typoskripts ›German Sea‹ (s. 10/5)

Bei Gertrud Kolmar aber flossen noch immer Hoffnung und Erinnerungen ein in ihre Gedichte, vor allem in die ›Welten‹ von 1937:

> Gib mir deine Hand, die liebe Hand, und komm mit mir;
> Denn wir wollen hinweggehen von den Menschen.
> Sie sind klein und böse, und ihre kleine Bosheit haßt und peinigt uns ...
> So laß uns fliehn...
> (›Der Engel im Walde‹, ›Lyrisches Werk‹, S. 559)

Sie apostrophiert ihn immer wieder als Geliebten, als Chemiker sogar, der er von Beruf war, und vor allem als Wassermann:

»Sieh, der Flausch deiner Brust wuchert algenhaft, und ich weiß: der Wassermann bist du.«

1 Gertrud Kolmar: Meerwunder
Typoskript, 2 Bl. mit der Seitennumerierung 11 und 12.

2 Karl Joseph Keller
Photographie, aus den dreißiger Jahren. 7,4 x 6,3 cm

3 Karl Joseph Keller: Die Vorlese. Gedichte
Radolfzell a. Bodensee: Heim-Verlag Adolf Dreßler 1933

4 Karl Joseph Keller: Gesänge an Deutschland
Dresden: Verlag von Wolfgang Jeß 1934
Exemplar aus dem Besitz von Will Grohmann

> »Unsichtbar, mein Land,
> wie schon die duftende Blüte die Frucht,
> als fernes, aber unentrinnbares
> und dann köstlich erfülltes Geschick,
> trägst du durch deine nie verlöschenden,
> immer wieder aufflammenden Morgen
> der Völker ewige, still leuchtende Krone...«
> (S. 12)

Meerwunder

Als ich das Kind mit grünen Augensternen,
Dein zartes, wunderbares Kind empfing,
Erbrausten salzge Wasser in Zisternen,
Elmsfeuer funkelten aus Hoflaternen,
Und Nacht trug den Korallenring.

Und deiner Brust entwehte Algenmähne
So grün, so grün mit stummer Melodie.
Sehr sachte Fluten plätscherten um Kähne,
Im schwarzen Traumschilf sangen grosse Schwäne,
Und nur wir beide hörten sie.

Du warst den Meeren mitternachts entstiegen
Mit eisig blankem, tiefend kühlem Leib.
Und Wellenwiegen sprach zu Wellenwiegen
Von unserm sanften Beieinanderliegen,
Von deinen Armen um ein Weib.

Seejungfern hoben ungeschaute Tänze,
Und wilde Harfen tönten dunkel her,
Und Mond vergoss sein silbernes Geglänze
Um den Perlmutterglast der Schuppenschwänze;
Mein Linnen duftete vom Meer.

Und wieder wachten Hirten bei den Schafen
Wie einst... und glomm ein niebenannter Stern.
Und Schiffe, die an fremder Küste schlafen,
Erbebten leis und träumten von dem Hafen
Der Heimat, die nun klein und fern.

Tierblumen waren fächelnd aufgebrochen,
In meinen Schoss verstreut von deiner Hand;
Um meine Füsse zuckten Adlerrochen,
Und Kinkhorn und Olivenschnecke krochen
Auf meiner Hüfte weissen Sand.

Und deine blass-beryllnen Augen scheuchten
Gekrönte Nattern heim in Felsenschacht,
Doch Lachse sprangen schimmernder im Feuchten;
An Wogenkämmen sprühte blaues Leuchten
Wie aus dem Rabenhaar der Nacht.

O du! Nur du! Ich spülte deine Glieder
Und warb und klang und schäumte über dir.
Und alle Winde küssten meine Lider,
Und alle Wälder stürzten in mich nieder,
Und alle Ströme mündeten in mir.

Aus dem Zyklus ›German Sea‹ (s. 10/1)

5 Gertrud Kolmar: Sieben Gedichte aus ›German Sea‹ von Helen Lodgers. Nach dem Englischen

Typoskript. 13 Bl. Gezeigt wird das Deckblatt

Mit den handschriftlichen Notizen von Hermann Kasack:»Vermutlich keine Übersetzungen sondern Original-Gedichte. Die Übertragung wird nur aus polit. Gründen von der Kolmar in den dreißiger Jahren fingiert! Ks.« Und:»Nachlaßband: die 7 Gedichte unbedingt aufzunehmen! Ks.« –»Alle aufnehmen! Ks.« Seine Aufforderung»aufteilen« bezieht sich auf die Neuverteilung dieser Gedichte im Nachlaßband.

Die Titel der Gedichte lauten:»Leda   On the Alster   Nights Watching thy Sleep...   The Worshipful Company of Seafaring Men   Travemuende   Sea-Monster«

6 Begleitnotiz von Peter Wenzel zu dem Suhrkamp übersandten Manuskript von ›German Sea‹

1 Bl.

»Gertrud Kolmar. Neuerer Gedicht-Zyklus. vielleicht identisch mit den Ihnen bereits im November 1946 übergebenen Gedichten, die

›Übertragungen aus dem Englischen
der Helen Lodge‹

betitelt waren. Möglicherweise handelte es sich bei dieser Angabe einer ausländischen Verfasserin um eine Fiktion, oder besser um eine Tarnung, die die Veröffentlichung während der Nazi-Zeit ermöglichen sollte. Wenzel 20. 11. 48.« Suhrkamp zeichnet das Blatt ab.

7 Gertrud Kolmar: Sehnsucht

Aus dem Typoskript der zwischen 17. August und 20. Dezember 1937 niedergeschriebenen Sammlung ›Welten‹, 41 Bl., gezeigt werden die Seiten 4 und 5.

Karl Josef Keller wandte sich am 3. Februar 1948, nach Erscheinen des Gedichtbandes ›Welten‹, an Gertrud Kolmars Schwester Hilde Wenzel und entdeckte seine Identität. Keller gibt dem Band einen sprechenden Titel, wenn er ihn versehentlich»Leben« nennt:

»Sie werden sicher erstaunt sein, über diese Zeilen einer fremden Hand; ich habe mir auf eine tiefe Erschütterung hin, die mir letzter Tage wurde, da ich den Gedichtband ›Leben‹ Ihrer Schwester zufällig in einer Buchhandlung fand, Ihre Anschrift besorgt, da ich Ihnen unbedingt schreiben muß. – Ich kann es nicht fassen, daß Ihre liebe Schwester tot sein soll; ich habe sie allerdings an Weihnachten 1939, da sie mich in Ludwigshafen aufsuchte, das letzte Mal gesehen – und gewarnt. Sie war zu optimistisch; mein Gott, wir sind uns sehr

Sehnsucht

Ich denke dein.
Immer denke ich dein.
Menschen sprachen zu mir, doch ich achtet' es nicht.
Ich sah in des Abendhimmels tiefes Chinesenblau, daran der Mond als
    runde gelbe Laterne hing,
Und sann einem anderen Monde, dem deinen, nach,
Der dir glänzender Schild eines ionischen Helden vielleicht oder sanfter
    goldener Diskus eines erhabenen Werfers wurde.
Im Winkel der Stube sass ich dann ohne Lampenlicht, tagmüde, verhüllt,
    ganz dem Dunkel gegeben,
Die Hände lagen im Schoss, Augen fielen mir zu,
Doch auf die innere Wand der Lider war klein und unscharf dein Bild
    gemalt.
Unter Gestirnen schritt ich an stilleren Gärten, den Schattenrissen der
    Kiefern, flacher, verstummter Häuser, steiler Giebel vorbei
Unter weichem düsteren Mantel, den nur zuweilen Radknirschen griff,
    Eulenschrei zerrte,
Und redete schweigend von dir, Geliebter, dem lautlosen, dem weissen
    mandeläugigen Hunde, den ich geleitete.

Verschlungene, in ewigen Meeren ertrunkene Nächte!
Da meine Hand in den Flaum deiner Brust sich bettete zum Schlummer,
Da unsere Atemzüge sich mischten zu köstlichem Wein, den wir in
    Rosenquarzschale darboten unserer Herrin, der Liebe,
Da in Gebirgen der Finsternis die Druse uns wuchs und reifte, Hohlfrucht
    aus Bergkristallen und fliedernden Amethysten,
Da die Zärtlichkeit unserer Arme Feuertulpen und porzellanblaue Hya-
    zinthen aus welligen, weiten, ins Morgengrauen reichenden Schollen
    rief,
Da, auf gewundenem Stengel spielend, die halberschlossene Knospe des
    Mohns wie Natter blutrot über uns züngelte,
Des Ostens Balsam- und Zimmetbäume mit zitterndem Laube um unser
    Lager sich hoben

Und purpurne Weberfinken unserer Munde Hauch in schwebende Nester
verflochten. –
Wann wieder werden wir in des Geheimnisses Wälder fliehn, die, undurch-
dringlich, Hinde und Hirsch vor dem Verfolger schützen?
Wann wieder wird mein Leib deinen hungrig bittenden Händen weisses
duftendes Brot, wird meines Mundes gespaltene Frucht deinen dür-
stenden Lippen süss sein?
Wann wieder werden wir uns begegnen?
Innige Worte gleich Samen von Würzkraut und Sommerblumen ver-
streun
Und beglückter verstummen, um nur die singenden Quellen unseres
Blutes zu hören?
(Fühlst du, Geliebter, mein kleines horchendes Ohr, ruhend an deinem
Herzen?)
Wann wieder werden im Nachen wir gleiten unter zitronfarbnem Segel,
Von silbrig beschäumter, tanzender Woge selig gewiegt,
Vorüber an Palmen, die grüner Turban schmückt wie den Spross des
Propheten,
Den Saumriffen ferner Inseln entgegen, Korallenbänken, an denen du
scheitern willst?
Wann wieder, Geliebter... wann wieder...?...
Nun sintert mein Weg
Durch Oednis. Dorn ritzt den Fuss.
Bäche, frische, erquickende Wasser, murmeln; aber ich finde sie nicht.
Datteln schwellen, die ich nicht koste. Meine verschmachtende Seele
Flüstert ein Wort nur, dies einzige:
»Komm...«
O komm...

Aus der Gedichtsammlung ›Welten‹ (s. 10/7)

Karl Josef Keller (s. 10/2)

nahe gestanden, und ich habe einst, vor all mein Hab und Gut vernichtet wurde, all Ihre Verse besessen. Ein Teil der Gedichte in ›Leben‹ ist nach unserem gemeinsamen Aufenthalt in Hamburg entstanden; ich war mit ihr in Lübeck zusammen; ich kann, wie gesagt, das alles noch nicht fassen… Bitte, schreiben Sie mir. Ich hoffe, daß es Ihnen selbst gut geht und grüße Sie mit einem trauernden Herzen…«

Auf die Frage von Johanna Woltmann, ob Gertrud Kolmar in ihren Briefen habe erkennen lassen, daß sie ihn liebte, antwortete Keller am 18. Februar 1979:

»Ja, es begann, als ich sie mit einer Reihe meiner (durch den Krieg) vernichteten Arbeiten bekannt gemacht hatte. Sie schwärmte davon mit viel Lob u. nannte mich, auf Leda bezogen, zunächst den Schwan, dann später ›ihren Schwan‹. Dann war ich in Briefen ihr ›Wassermann‹. Es war auch für mich schlimm, diese kaum verhüllten Dinge an mir zu erleben. – Spitzel u. Verrat waren allerorten, und mir wäre ein Stein vom Herzen gewesen, wenn sie sich hätte in die Schweiz absetzen können. Ich selbst wäre gern in jener Zeit gegangen, aber abhängig von Broterwerb u. dergl. konnte ich ja in der damaligen Zeit nicht hoffen, irgendwo außerhalb Deutschlands ein Unterkommen zu finden.«

11 Ausgegrenzt

Die Chronologie der Ausgrenzung, Vertreibung und Ermordung der deutschen Juden aus der Nation der Deutschen seit 1933 ist bekannt. Bekannt sind auch die Stationen in der Entwicklung des unsäglichen Geschehens: der Erlaß der Nürnberger Gesetze von 1935, der deutschen Juden die deutsche Staatsbürgerschaft entzog und sie gleichzeitig den Abstrusitäten der Rassegesetze unterwarf; die Reichspogromnacht vom November 1938, die die Enteignung der deutschen Juden einleitete sowie ihre allmähliche vollständige Isolierung und ihre Deportation. Es ist bedrückend, diese Chronologie nachzuvollziehen, in einzelnen Jahrgängen der ›C. V.-Zeitung‹ etwa, später im ›Jüdischen Nachrichtenblatt‹; es ist bedrückend nachzulesen, wie sich der materielle und kulturelle Spielraum der Verfolgten immer weiter verengte; es ist ergreifend zu sehen, wie sie Haltung bewahrten angesichts des ihnen zugefügten Unrechts.

Alle Dokumente über Gertrud Kolmar und ihre Angehörigen aus dieser Epoche sind Zeugnisse barbarisch konsequenter Ausgrenzung, Ausstoßung, Vernichtung. Gleichzeitig machen sie deutlich, wie sich Getrud Kolmar gerade in den Jahren der Unterdrückung Eigenes und Neues schuf: ein Bewußtsein von sich selbst als Dichterin, die zunehmend Anerkennung und Bestätigung ihres Wesens erfuhr. Sie erfuhr diese Anerkennung im Umkreis des Kulturbunds, jener von 1933 bis 1941 bestehenden Zwangsvereinigung aller kulturellen Institutionen der deutschen Juden, wo sie seit 1936 fast regelmäßig in Erscheinung trat; sie erfuhr sie in einem Kreis befreundeter Menschen, mit denen sie sich regelmäßig traf und zu denen die mit Nelly Sachs befreundete Malerin Dora Horwitz und deren Mann Hugo Horwitz, der »Spinozaforscher«, gehörten; sie erfuhr sie in der Wertschätzung durch die Fabrikarbeiter, nachdem sie im Sommer 1941 von der deutschen Rüstungsindustrie zwangsverpflichtet worden war. Selbstbewußtsein und Widerstandskraft wuchsen ihr gegenüber dem unmenschlichen Schicksal ständig zu – ihre letzten Briefe geben davon deutlich Zeugnis.

1 Gertrud Kolmar und ihre Angehörigen

Photographie, Finkenkrug 29. August 1937. 5,3×8,1 cm. Von links nach rechts: Gertrud Kolmar; Peter Wenzel; Margot Chodziesner; Georg Chodziesner; sitzend Hilde Wenzel mit Tochter Sabine Wenzel, Ludwig Chodziesner, Thea Chodziesner geb. Galliner, die Frau des Bruders Georg, mit Sohn Wolfgang.

Am Sonntag, dem 29. August 1937, wurde offensichtlich der 76. Geburtstag Ludwig Chodziesners mit allen Familienangehörigen gefeiert.
Diese Photographie ist die letzte, die die Familie gemeinsam zeigt. Sie stellt wahrscheinlich auch die letzte – erhaltene – Aufnahme Gertrud Kolmars dar.

Gertrud Kolmar und ihre Angehörigen. Originalgröße (s. 11/1)

2/3 Buchhandlung Peter Wenzel, Berlin-Charlottenburg 2, Grolmanstraße 30/31

Photographie. Straßenfront der Buchhandlung mit Antiquariat und Leihbücherei. 29. 6. 1934. 11,2×8,1 cm

Photographie. Innenaufnahme. Im Hintergrund Peter Wenzel; Hilde Wenzel mit Kurth Bosy, einem Angestellten. Mai 1937. 11,8×16,9 cm

Der 1906 in Münster/Westfalen geborene Peter Wenzel absolvierte in den Jahren 1924–1926 eine Lehrzeit in einer Berliner Buchhandlung. 1929 lernte er in der Universitätsbuchhandlung Arthur Collignon in Berlin seine Kollegin Hilde Chodziesner kennen; beide heirateten 1930; 1933 wurde ihre Tochter Sabine geboren.

Von 1934 an führten sie gemeinsam die Buchhandlung Peter Wenzel in der Berliner Grolmanstraße 30/31. Peter Wenzel wurde 1938 – seine Frau war mit Sabine bereits in die Schweiz geflohen – aus der Reichskulturkammer ausgeschlossen; er mußte sein Ladengeschäft deshalb aufgeben. Vergeblich bemühte er sich um die Auswanderung. Zwei Jahre diente er in einer Dolmetscher-Kompagnie der Wehrmacht. Er absolvierte eine Ausbildung als Wirtschaftsprüfer und arbeitete bei der Firma Zeuch-Generatoren. Seine Ehe mit Hilde Wenzel wurde 1942 geschieden.

Peter Wenzel vor allem ist die Rettung der Manuskripte Gertrud Kolmars zu danken. Er besuchte seinen Schwiegervater und seine Schwägerin bis zu ihrer Deportation; nach dem Kriege setzte er sich unermüdlich für den Druck von Gertrud Kolmars Gedichten ein. 1953 wanderte Peter Wenzel nach Brasilien aus, wo er 1961 starb. Hilde Wenzel verdiente ihren Lebensunterhalt unter großen Schwierigkeiten als Journalistin in der

Schweiz. Auch sie hat immer wieder auf das lyrische Werk von Gertrud Kolmar hingewiesen und die Nachlaßpublikationen tatkräftig gefördert.

4 Gertrud Kolmar an Hilde Wenzel

Finkenkrug, 24. November 1938. Postkarte

Auf einer offenen Postkarte und nicht in einem geschlossenen Brief teilte Gertrud Kolmar die ihr Leben vollkommen verändernde, einschneidende Nachricht mit: »Wir haben gestern unser Haus verkauft« – als wäre dies aus eigenem Entschluß geschehen. Die erwähnte Helene Köpp war vierzig Jahre Hausangestellte in der Familie Chodziesner gewesen. Es gab mehrere Pläne für eine Emigration Gertrud Kolmars, die um des alten Vaters willen aufgegeben wurden.

»Wir haben gestern unser Haus verkauft, müssen voraussichtlich in 4–8 Wochen ausziehn; Helene will sich auf ihr Altenteil zurückziehn und da die Pläne, die Vati für den Fall, daß ich als Erzieherin nach England ginge, gemacht hatte, vorläufig auch ad acta gelegt werden müssen, so will ich zunächst noch bleiben. Denn ich will und kann Vati bei seinem Alter und in seiner Lage jetzt nicht allein lassen. Nicht wahr, Du verstehst das und bist mir nicht böse?… Später erfährst Du mehr (wenn wir selbst erst mehr wissen).«

In der Buchhandlung Peter Wenzel (s. 11/2)

5 Haus Speyerer Straße 10

Photographie, 12. 1. 1909. 28,3x19,5 cm (Bezirksamt Schöneberg von Berlin, Schöneberg Museum/Archiv)

Nach dem Zwangsverkauf des eigenen Hauses lebten Gertrud Kolmar und ihr Vater vom 21. Januar 1939 bis zu ihrer Deportation im zweiten Stock dieses Hauses im Stadtteil Schöneberg. Der Eigentümer des Hauses ist »arisch, evangel.«, gibt Ludwig Chodziesner in seiner Vermögenserklärung vom 7. September 1942 an, »der frühere Eigentümer war Jude«.

6 Briefumschlag

Gertrud Sara Chodziesner an Hilde Wenzel in Zürich
Gestempelt »Berlin-Schöneberg 9. 11. 42«.

Auf diesem Umschlag ist der bürgerliche Name der Dichterin durch die Einfügung von »Sara« als jüdisch gekennzeichnet. Die Pflicht dieser Kenntlichmachung durch den Namen »Sara« beziehungsweise »Israel« bestand seit dem 1. Januar 1939.

Der Klebestreifen am linken Rand und der rote Stempelaufdruck »GEÖFFNET – OKW« (Oberkommando der Wehrmacht) weisen auf die seit 1940 regelmäßig erfolgte Briefzensur hin.

7 Gertrud Chodziesner: Susanna

Typoskript, 19. Dezember 1939 – 13. Februar 1940. 42 Bl.

Während der Arbeit an dieser Erzählung schreibt Gertrud Kolmar ihrer Schwester Hilde am 15. Januar 1940:

»Jede dichterische Erschaffung ist für mich eine Geburt (die Wehen sind manchmal scheußlich!). Zur Zeit findet dieses Ereignis – in Etappen – immer nachts statt: ich gehe früh zu Bett und wenn dann die oberen Mieter bei ihrer allnächtlichen, sehr geräuschvollen Heimkehr zwischen 1 und 3 Uhr mich wecken, habe ich schon ein paar Stunden geschlafen und die Kopfarbeit kann beginnen. Wenn ich dann das ›Kind‹ wieder um einige Zentimeter weiter ›gehoben‹ habe, ist 5 Uhr vorbei, und ich kann noch ein bißchen druseln. Morgens nach dem Anziehn wird gleich alles niedergeschrieben; dabei bin ich sehr müde, fühle mich elend, habe wohl auch Kopfschmerzen, kurz alle Anzeichen eines ›Katers‹, wie nach einer nächtlichen Ausschweifung, die es ja auch ist.«

Bei der Erzählung ›Susanna‹ handelt es sich offenbar um das letzte erhaltene Werk Gertrud Kolmars. Eine später entstandene »kleine« Erzählung, von der sie in ihren Briefen vom 5. März und vom 13. April 1942 berichtet, »etwa 26 Heftseiten, allerdings eng beschrieben, in 3 Monaten«, scheint verlorengegangen zu sein.

Auf der gegenüberliegenden Seite: Haus Speyerer Str. 10 (s. 11/5)

8 Gertrud Kolmar: Schriftprobe in Hebräisch

Handschrift und Typoskript, 3. Blatt des ›Lebenslaufs‹ (Nr. IV, 6)

Auf diesem Blatt, das offensichtlich wie der Lebenslauf zu Bewerbungsunterlagen für eine Stelle im Ausland gehörte, gibt Gertrud Kolmar eine Probe ihrer Hebräischkenntnisse. Sie reproduziert ein Gedicht Bialiks in hebräischer Schrift und stellt ihm auf der Rückseite des Blattes ihre eigene Übersetzung gegenüber.
Gertrud Kolmar bezeichnet sich hier noch als »völlige Autodidaktin« im Hebräischen. Konversationsstunden in dieser Sprache nahm sie ab Anfang April 1940, worauf sie »am 14. Mai, nach Schluß der 5. Stunde« ihr erstes hebräisches Gedicht geschrieben hat. (›Briefe‹, S. 60). Dieses Gedicht und auch das in ihrem Brief vom 14. Juli 1940 erwähnte sind nicht erhalten:
»Ich genieße weiter meinen Sprachunterricht und habe letzthin wieder ein Gedicht gemacht, zum ersten Male eins, das nicht bloß den Wert einer Kuriosität hat ... Es heißt ›Ha Zaw‹, ›Die Kröte‹. – ›Natürlich!‹ sagte meine Lehrerin, als ich den Titel nannte.«

9 Programmzettel einer Veranstaltung im Jüdischen Kulturbund

Berlin, 4. Mai 1940. Reproduktion (Akademie der Künste, Berlin)

Im Nachlaß von Fritz Wisten, dem Schauspieler, Regisseur und letztem »Künstlerischen Gesamtleiter« des »Jüdischen Kulturbunds in Deutschland«, hat sich das Programm des Vortragsabends vom 4. Mai 1940 erhalten, auf den Gertrud Kolmar in ihrem Brief vom 15. Mai 1940 an ihre Schwester Hilde Bezug nimmt.

10 Hugo Lachmanski: Jüdisches Wort und jüdischer Ton

Jüdisches Nachrichtenblatt, 24. Mai 1940

»Dr. Hugo Israel Lachmanski«, wie es nun heißen mußte, stellte in seiner Rezension die Gedichte Gertrud Kolmars beziehungsweise »Gertrud Sara Chodziesners« an die Spitze seiner Besprechung, in der es u. a. heißt:
»Jüdischen Dichtern und Komponisten der Gegenwart galt eine gut besuchte Veranstaltung des Kulturbundes, deren gesamten rezitatorischen Teil Erna Sara *Leonhard* übernommen hatte. Die bekannte Vortragskünstlerin ist, wie man weiß, seit Jahren bemüht, ungehörten Stimmen, insbesondere jüdischer Lyriker unserer Zeit, Gehör zu schaffen – das Echo, das sie bisher gefunden hat, war, dem esoterischen Charakter der Lyrik gemäß, zwar nicht weittragend, aber immerhin stark genug, um aus dem Chor der vielen, mehr

Auf den folgenden Seiten: Gertrud Kolmars Lebenslauf aus 3 Blättern (6 Seiten) zusammen-gezogen (s. 4/10 u. 11/8)

C. Chodziesner.

L e b e n s l a u f.

Ich, Gertrud Sara Chodziesner, bin am 10. Dezember 1894 zu Berlin
als Tochter des Rechtsanwalts - späteren Justizrats - Ludwig Chodziesner geboren. Ich besuchte eine zehnklassige höhere Mädchenschule
(Lyzeum) und kam nach Schulabgang i.J. 1911 auf die l a n d - und
h a u s w i r t s c h a f t l i c h e F r a u e n s c h u l e Arvedshof bei Leipzig.

Noch vor dem Weltkriege lernte ich R u s s i s c h im Austausch
gegen deutschen Unterricht; ich spreche und lese diese Sprache
recht gut.

Nach 1914 war ich zunächst im öffentlichen Kindergarten tätig.

Dann besuchte ich ein Sprachseminar und bestand im Mai 16 die
s t a a t l . S p r a c h l e h r e r i n n e n p r ü f u n g
für F r a n z ö s i s c h , im Oktober 16 die gleiche Prüfung
für E n g l i s c h.

Vom Nov. 17 bis Nov. 18 war ich nach bestandenem Militärdolmet-
scherexamen als f r a n z . und e n g l . P o s t p r ü f e -
r i n im Kriegsgefangenenlager Döberitz beschäftigt.

Nach Kriegsende war ich als S p r a c h l e h r e r i n und
E r z i e h e r i n in Privathäusern tätig, u.a. auch längere
Zeit bei zwei t a u b s t u m m e n Kindern; auch gab ich Auslän-
dern deutschen Unterricht.

Im Juni 1927 bestand ich eine U e b e r s e t z e r p r ü f ung
des Deutschen A u s w ä r t i g e n A m t e s .

Im Spätsommer 27 nahm ich an einem Ferienkursus für Ausländer
der Universität D i j o n teil, wo ich bei der Schlussprüfung
das U n t e r r i c h t s d i p l o m der Universität erhielt,
zugleich mit dem besten b e s t e n Z e u g n i s, das i.J. 1927
einem ausländischen Studenten gegeben worden war.

In den folgenden Jahren zwang mich eine schwere Krankheit meiner Mutter, mich ganz ihrer Pflege und dem Haushalt zu widmen und
seit ihrem Tode (1930) führe ich meinem Vater die Wirtschaft.

Wenden!

Solange mein Vater Notar in Finkenkrug, einem ländlichen Ge-
meinwesen, war, war ich seine einzige Bürokraft und nahm, um mich
im Notariatswesen auszubilden, bei Herrn Rechtsanwalt Dr. Böhren,
Berlin, an einem N o t a r i a t s k u r s u s teil.

Ich habe mich sonst in Finkenkrug (von wo ich erst am 19. Jan.
1939 nach Berlin W 30, Speyererstr. 10, übergesiedelt bin) im
H a u s h a l t , im G a r t e n und mit der K l e i n t i e r -
z u c h t beschäftigt und mich selbst in der h e b r ä i s c h e n
Sprache unterrichtet.

Hinzufügen möchte ich noch, dass ich auch im T s c h e c h i -
s c h e n , S p a n i s c h e n und V l ä m i s c h e n Kenntnisse besitze, die es mir ermöglichen, unter gelegentlicher Zuhil-
fenahme eines Wörterbuchs Texte in diesen Sprachen zu lesen.

In der Anlage überreiche ich

1) Lebenslauf der Gertrud Chodziesner

2) Notariell beglaubigte Abschrift a) d. franz. Sprach-
   lehrerinnendiploms, b) des engl. Sprachlehrerinnen-
   diploms, c) des Zeugnisses vom Kriegsgefangenenlager
   Döberitz,   ferner ei. Auswahl von Zeugnissen:

3) Photokopie des Zeugnisses der Gesellschaft zur Bekämp-
   fung der Säuglingssterblichkeit.

4) Photokopie des Zeugnisses der Frau Dr. Mühsam

5)   "   "   "   "   "   "   "   Prof. Zondek

6)   "   "   "   "   "   "   "   A. Schanski

7) vom Aussteller selbst beglaubigte Abschrift des
   Zeugnisses des Herrn L. Schmoller

8) Abschrift der Mitteilg. des Auswärtigen Amtes und
   d. Zeugnisses der Universität Dijon

9) Bialik-Uebersetzung (als Nachweis für meine hebräischen Kenntnisse).

Die Zeugnisse aus Privathäusern stellen, wie gesagt, eine

Auswahl dar, doch versichere ich, dass alle Zeugnisse, die ich

besitze, ausgezeichnet sind. Da es nun auffallen mag, dass ich

trotz dieser guten Zeugnisse einige der Stellungen nur kürzere

Zeit inne hatte, so möchte ich hier gleich Folgendes bemerken:

In der Kriegs- und Nachkriegszeit war viel Unruhe und mancher-

lei Veränderung in den Familien (so war es z.B. bei Frau Dr. Müh-

sam). Auch wurden manche der Stellungen von vornherein als be-

fristet angesehen - so war ich, wie das Zeugnis der Frau Schaps-

ki zeigt, bei ihren taubstummen Kindern nur für 14 Tage als Aus-

hilfe "eingesprungen", um dann, da die ins Haus genommene Erzie-

herin ihren Posten schwierigkeitshalber schon nach zwei, drei

Tagen wieder verliess, zu bleiben, bis ich nach fast einem Jahr

durch eine staatlich geprüfte Taubstummenlehrerin abgelöst wurde.

[Hebräisches handschriftliches Gedicht von Bialik — vier Strophen]

Da ich im Hebräischen völlig Autodidakt bin, habe ich
im Schreiben, im Lesen der Schreibschrift und auch im Sprechen
bisher nicht die nötige Uebung gehabt. Doch würde gewiss eine
Anzahl Unterrichtsstunden bei einem Lehrer genügen, um mir das
Fehlende beizubringen, da ich in der Kenntnis von Grammatik und
Syntax, in der allgemeinen Kenntnis der Sprache überhaupt schon
ziemlich weit fortgeschritten bin. Zum Beweise dessen gebe ich
umstehend das vorangeschickte Gedicht von Bialik in meiner eigenen deutschen Uebertragung wieder; wortgetreu konnte ich es natürlich nicht übersetzen, wenn Reim und Versmass gewahrt werden
sollten.

                    Gertrud Chodziesner.

                    Bitte wenden!

Herbstnacht.

xxxxxxxxxxxx

Gewitternacht. Ein Wind, der fauchte
Und wild zur Stadt die Wolke riss;
Das ganze Städtchen sank und tauchte
In Schlaf und Schlamm der Finsternis.

Wie elende, vergessne Waise,
Von keiner Milde warm umhüllt,
So stöhnten nackte Häuser leise
Und neigten Dächer - schamerfüllt.

Und Regen flutet und die Mauer
Trinkt sich an Tränenströmen satt;
Die Dächer werden sachte Trauer,
Und weinend, weinend steht die Stadt.

Und droben ist kein Stern entglommen,
Kein Strahl erglänzt, kein Funke bebt -
Nur Licht im Fenster eines Frommen,
Der sich zur Mittnachtsklage hebt.

Gedicht von Bialik.
(freie deutsche Übertragung von
Gertrud Chodziesner.)

oder minder Berufenen die auserwählte Einzelstimme von Gertrud Sara *Chodziesner* vernehmen zu lassen. Dies eigenwillige, aparte Talent, das einsam seine Straße zieht, setzte sich auch diesmal wieder durch – mit fünf Gedichten, die alles Lyrisch-Konventionelle weit hinter sich lassen und aus dem eingängigen Bereich der Bekenntnislyrik kühn hinausstreben in eine nicht leicht sich erschließende, dunkel malende Phantasiewelt voll üppig schwellender Farben und ornamental-symbolischen Zierrats. Daß durch diese geheimnisvolle Welt unwirklicher Visionen aber auch ein lebendiger Gefühlsstrom hindurchgeht, bewies am besten die großartige, sprachgewaltige Phantasmagorie ›Die Tiere von Ninive‹, eine ins Mitleid mit aller menschlichen Kreatur gesteigerte Paraphrase des Schlußwortes aus dem Buch Jona.«

Über Nelly Sachs schrieb Lachmanski:

»Bei der begabten Nelly Sara *Sachs* lösten sich biblische Motive in eine weiche religiöse Stimmung auf ... Die Vortragende fand ... reichen Beifall.«

Im November 1941 unternahm Hilde Wenzel einen erneuten Versuch, Gertrud Kolmar in die Schweiz zu holen. Peter Wenzel besuchte Schwiegervater und Schwägerin in der Speyrer Straße und berichtete am 15. November seiner Frau:

»Gestern abend habe ich Vati und Trude besucht. Es geht beiden gesundheitlich gut. Beide haben in den letzten Monaten soviele Beweise großer Seelenstärke bewiesen, daß man hoffen kann, sie werden auch kommende gesundheitliche und andere Leiden überstehen. Die liebe Hausgenossin versorgt sie gut und liebevoll und sie wird auch Vati weiter betreuen, falls etwa Trude in eins der neugewonnenen Ostgebiete dienstverpflichtet werden sollte. Genaues ist darüber noch nicht bekannt.«

11 Mary Lavater-Sloman an Hilde Wenzel

Winterthur, 27. November 1941. Maschinenschriftlicher Brief mit handschriftlichen Zusätzen. 1 Bl. (2 S.) Gezeigt S. 1

Die Schriftstellerin Mary Lavater-Sloman (1891–1980) hatte seit Mitte der dreißiger Jahre zwei Romane (›Der Schweizerkönig‹, 1935; ›Henri Meister‹, 1936) veröffentlicht, 1939 eine Lavater-Biographie ›Genie des Herzens‹ herausgegeben und 1941, im Jahr des deutschen Angriffs auf die Sowjetunion, die Biographie ›Katharina und die russische Seele‹ erscheinen lassen. Hilde Wenzel wandte sich ratsuchend an die mit dem Ingenieur E. Lavater in Winterthur verheiratete Schriftstellerin, deren Wirkungsmöglichkeiten bei der Rettung Flüchtender jedoch geringer wurden. »Das Boot ist voll!« hieß das bis heute geläufige Schlagwort:

»Liebe Frau Wenzel, das ist ja schrecklich, dass Sie so alarmierende Nachrichten aus Deutschland bekommen haben! Sie Arme, ich kann mir denken, wie sehr Sie das aufregt. Natürlich werden wir sogleich alles versuchen, um Ihre Schwester zu uns in die Schweiz zu bringen; wir haben sogar schon begonnen, wir kennen nachgerade die Wege, die man beschreiten muss, es ist das 8. mal, dass wir uns bemühen, aber… jetzt werden Sie traurig und enttäuscht sein, bis jetzt immer vergebens, und mein Mann hat auch wenig Hoffnung, dass es uns diesesmal glücken wird. Sowohl die hiesigen, wie die deutschen Behörden machen Widerstand. Aber wir wollen trotzdem alles versuchen.«

Die Hamburger Reederstochter Mary Sloman hatte zwischen 1910 und 1918 in St. Petersburg und Moskau gewohnt. Aus dieser Erfahrung suchte sie zu trösten:

»Nun müssen Sie sich aber das zu Ihrer Beruhigung sagen, dass Ihr Vater, der doch sicher viele Bekannte in ähnlicher Lage hat, nicht allein ist; man wird ihn doch nicht ganz im Stiche lassen, und Ihre Schwester, selbst wenn sie nach Russland muss, um dort zu arbeiten, gewiss ist es hart, aber man kann in Russland auch im tiefsten Winter leben, wir waren ja 8 Jahre lang dort. Die Reise wird nicht angenehm sein, aber was für eine Erfahrung! Sehen Sie, ich denke immer, auch die bittersten Erlebnisse sind nicht ohne Wert, weil sie erst den ganzen Menschen machen, man muss die schwere Situation nur tapfer anpacken. Die Deutschen, die die Reise Ihrer Schwester, und vieler Leidensgenossen wahrscheinlich, leiten, sind sicher nicht alle Bestien. Der Befehl ist ›bestialisch‹, aber die Ausführenden sind meistens ziemlich normale Menschen. Was nun die Russen anbetrifft, so sind sie nicht das, was man immer behauptet: Halsabschneider und Verbrecher, sondern die besten Menschen, was Nächstenliebe betrifft, die man sich vorstellen kann. (gewisse Kommissare und Behörden natürlich ausgenommen) Wenn ich mich in die Lage Ihrer Schwester versetze, so denke ich, man müsste gerade unter der Gemeinheit der deutschen Behörden einen Gegenwillen entwickeln, der einem Kraft zu allem gibt; was kann ein reifes Mädchen wie Ihre Schwester nicht alles, allein unterwegs, für ihre Leidensgenossen leisten. Nein, ich denke mir das, was Ihrer Schwester bevorsteht besser, als das alltägliche und doch ewig von Entwürdigung bedrohte Leben in Berlin.

Wir haben 1918 in der schlimmsten Revolutionszeit eine 8wöchige Flucht, z. T. unter Lebensgefahr mit 2 kleinen Kindern durchgemacht. Diesen Wochen verdanke ich viel!!…«

12 Gertrud Kolmar an Hilde Wenzel
Berlin, 20. und 21. Februar 1943. Handschriftlicher Brief, 2 Bl. (4 S.) Gezeigt S. 3

Der letzte erhaltene Brief:

»…Du sagst, daß Dir ›jetzt zuweilen stark nach Schreiben zumut‹ sei. Mir auch. Manchmal glaube ich, trotz Arbeit, Zeitmangel, Unruhe, Müdigkeit anfangen zu können; aber in diesen letzten Tagen verflatterte immer, was sich gestalten zu wollen schien. Mein letztes kleines Werk, eine Erzählung, schuf ich genau vorm Jahr, und nun, denk' ich, wird es, falls es sich formt, voraussichtlich wieder eine Erzählung werden. Ich bin eigentlich in der richtigen Stimmung, niedergeschlagen, bedrückt, daß ich als Dichterin im Augenblick gar nichts kann. Denn (vielleicht erwähnt' ich es Dir gegenüber schon einmal) ich schaffe ja nie aus einem Hoch- und Kraftgefühl heraus, sondern immer aus einem Gefühl der Ohnmacht. Lasse ich mich dazu verleiten, einer plötzlichen Eingebung, einem schöpferischen Impulse folgend an den Schreibtisch zu gehn, so halt' ich gewöhnlich nicht durch: das Feuer brennt nieder, der Quell versiegt und die Dichtung bleibt Bruchstück. Wenn ich jedoch umgekehrt aus einem Ohnmachts- einem Verzweiflungszustande heraus das neue Werk beginne, so bin ich wie einer, der von unten, aus der Tiefe heraus, zur Gipfelwandrung sich anschickt; zunächst ist das Ziel noch sehr fern, der Blick versperrt, doch mit dem Fortschreiten wird die Aussicht immer weiter und schöner. Bei diesem allmählichen Aufsteigen ermatte ich nicht, wie mir's geschieht, wenn ich mich von einem raschen Aufschwunge der Phantasie hinreißen lasse. Das Angefangene wird auch beendet und das Vollendete fällt nicht, wie es bei Dichtungen oft der Fall ist, gegen den Schluß hin ab. (Herr Cohn [Fritz Cohn, Inhaber des Egon Fleischel Verlags] behauptete sogar seinerzeit, meine Sachen würden gegen den Schluß hin immer besser.) Ich muß mir sagen: ›Ich kann überhaupt nichts mehr. Meine Kraft ist erschöpft. Ich werde nichts mehr vollbringen‹, dann ist die rechte Stunde da. Und seit ich die Geduld hatte, sie abzuwarten, treiben sich auch keine Fragmente mehr in meinen Schüben herum.

...

Von zweien meiner Kolleginnen ist die eine Opernsängerin, die andere war eine bekannte Schauspielerin und ist auch musikbegabt. Während der Arbeit war einmal davon die Rede. ›Lauter Berühmtheiten, künstlerische Begabungen,‹ meinte die Kusine von Frau Justizrat Wr. [Wronker], die neben mir saß. ›Bloß wir beide sind nichts und können nichts.‹ Ich hörte das an, ohne mit der Wimper zu zucken. Ein andermal bemerkte sie freilich, ich sähe so aus, als ob ich dichtete. Ich blieb ihr die Antwort schuldig...«

Verwaltungsakte. Im Berliner Landesarchiv hat sich aus den Beständen der Oberfinanz-direktion (OFD) eine Akte erhalten, aus der hier einige Blätter faksimiliert wiedergegeben werden, zur genaueren Vergegenwärtigung eines Vorgangs, der für Ludwig Chodziesner mit dem Tag im Sammellager Große Hamburger Straße beginnt: bis zum 17. Juni 1944 bleibt dieser Ausraubungsvorgang in den Akten virulent:

Bl. 1   Durchschlag eines Vermerks von Unbekannt: »Geräumt am 3. 4. 43«.

Bl. 3–10   Vermögenserklärung Ludwig Chodziesner, 7. 9. 1942 (von acht Blättern fünf Seiten abgebildet)

Bl. 11   Geh. Staatspolizei, Verfügung über die Einziehung »des gesamten Vermögens … zugunsten des Deutschen Reiches«, 1. 9. 1942 (eine Seite, abgebildet)

Bl. 12   Ober-Gerichtsvollzieher Berlin-Steglitz an Ludwig Chodziesner, Zustellungs-Urkunde der Enteignung, 8. 9. 1942 (eine Seite, abgebildet)

Bl. 13   Obergerichtsvollzieher Schimmrigk, Kostenaufstellung für ›Inventar und Bewer-tung‹ der Wohnung, 6. 11. 1942

Bl. 14   Obergerichtsvollzieher Schimmrigk, Inventar und Bewertung der Wohnung Chodziesner, 4. 11. 1942 (zwei Seiten, abgebildet)

Bl. 15   Vorrichtungs- und Gerätebau Berlin an OFPräsident, Räumungsantrag für die Wohnung Chodziesner, 30. 3. 1943

Bl. 16–18   Anonym, Inventar und Bewertung der Wohnung Chodziesner, 1. 4. 1943 (sechs Seiten)

Bl. 19   Verfügung/Quittung über den Verkauf des Wohnungsinventars Chodziesner, 3. 4. 1943 (zwei Seiten, abgebildet)

Bl. 20   OFPräsident an Generalbauinspektor der Reichshauptstadt über die Räumung und Weitervermietung der Wohnung Chodziesner, 3. 4. 1943 (eine Seite, abgebildet)

Bl. 21   OFKasse an OFPräsidenten über Beschlagnahme der Erlöse aus dem Verkauf des Wohnungsinventars RM 2485,55), 7. 4. 1943

Bl. 22   Wohnungsbesitzerin an OFPräsidenten über Mietausfall durch »Evakuierung«, 9. 4. 1943

Bl. 23   OFPräsident, Verfügung über die Auszahlung der Mietnachforderung, 21. 6. 1943

Bl. 24   OFPräsident über die Enteignung eines Grundstücks von Ludwig Chodziesner »zugunsten des Reiches«, 2. 10. 1943 (eine von zwei Seiten abgebildet)

Bl. 25   OFPräsident an FA Berlin-Schöneberg über die Einziehung des Vermögens von Ludwig Chodziesner, 2. 10. 1943 (eine Seite, abgebildet)

Bl. 26   OFKasse an OFPräsidenten, Rückzahlungen der GASAG werden »zugunsten des Reichs« eingezogen, 2. 9. 1943

Bl. 27   Berliner Kraft- und Licht (Bewag) Aktiengesellschaft reklamiert Restschuld von RM 36,16, 25. 5. 1943

Bl. 28   OFPräsident verfügt Zahlung von RM 36,16 an Bewag, 30. 10. 1943 (zwei Seiten)

Ludwig Israel
Chodziesner
09489

Vermögenserklärung

Vornamen (Rufname unterstreichen) und Zuname (bei Ehefrauen auch Mädchenname):

Ludwig Israel Chodziesner

Beruf: *Förster Rechtsanwalt Notar* Jude? *Ja*

Letzte Beschäftigung (Firma, Gehalt, Lohn):

Über 40 Jahre bei dem Berliner Gericht.

Wohnung (Stadt, Stadtteil, Straße und Hausnummer, seit wann?

Schöneberg Speyererstrasse 10 II rechts,
seit 3 Januar 1939.

Name, Anschrift und evtl. jüdische Rassezugehörigkeit des Hauseigentümers:

Bruno Trenheit, arisch, evangel.

Größe der Wohnung (Zimmerzahl und -art, WC, Warmwasser, Dampf- oder Warmwasserheizung, Balkon, Wohngeschoß, Fahrstuhl, Gartenbenutzung, Nebenräume wie Diele, Badezimmer, Mädchenkammer, Keller, Boden usw. Genaue Angaben):

5 Zimmer

Höhe der monatlichen oder vierteljährlichen usw. Miete (Mietvertrag beifügen):

200 bzw. RM 196

Sind Sie Untermieter? (Dann auch Name, Anschrift und evtl. jüdische Rassezugehörigkeit des Untervermieters angeben): *Nein! Der Mietvertrag vom 3. Jan. 39 liegt bei,*

Ist der Mietzins bezahlt, an wen und bis wann? *[handschriftlich]*
[handschriftlich]
1. Oktober 42.

Wann, mit welchem Kostenaufwand, zu wessen Lasten und durch welche Firmen ist die Wohnung zuletzt renoviert worden? *[handschriftlich]*

Haben Sie Untermieter? (Dann auch die Namen, Anschrift und evtl. jüdische Rassezugehörigkeit der Untermieter sowie Zahl und Größe der untervermieteten Räume und Höhe der täglichen, wöchentlichen, monatlichen usw. Untermiete anführen. Bis wann ist die Untermiete bezahlt und bis zu welchem Zeitpunkt kann der Vertrag gekündigt werden? Schriftliche Untermietverträge beifügen. Wandern diese Untermieter mit aus?)
[handschriftlich]

Kennkarte (Ort und Nr.) *[handschriftlich]* Berlin No. A 49527X

Geboren am 28. August 1861 in *[handschriftlich]*

Kreis *[handschriftlich]* Land (soweit im Ausland geboren) *[handschriftlich]*

Konfession: *[handschriftlich]* Staatsangehörigkeit: *[handschriftlich]*

Familienstand (ledig, verheiratet, verwitwet, geschieden, getrennt lebend):

Mein Haushalt besteht aus **2** Personen, und zwar (bei Angestellten Höhe ihres Gehaltes oder Lohnes):
[handschriftlich] geb. 18.12.1894
in Berlin.

Ehegatte:

Vorname (Rufname unterstreichen), früherer Name, evtl. jüdische Rassezugehörigkeit und Geburtsdaten:

Ehelicher Güterstand (Gütergemeinschaft usw.):

Kinder (auch solche über 21 Jahre):

a) Im gemeinsamen Haushalt lebende
   (Namen, Geburtsdaten und evtl. jüdische Rassezugehörigkeit):

Gertrud Sara geb. 10.12.1894 Berlin, im Arbeits-
einsatz seit über 1½ Jahr bei der Gerko. jüdisch. (kinderlos,
gesch.)

b) Außerhalb des gemeinsamen Haushalts lebende
   (Personalien, Anschrift und evtl. jüdische Rassezugehörigkeit):

Margot Georg in Australien) jüdisch.
Hilde in der Schweiz, Zürich)
Weltbachstr. 58

Welche Kinder haben eigenes Vermögen oder Einkommen (Höhe)? _Kein Vermögen_
Einkommen unbekannt. Die Tochter Gertrud Sara 20 Mark
wöchentlich netto.

Welche Familienangehörigen wandern mit aus? _Keiner. Tochter Gertrud geb. Sara ist_
von der Gerko reklamiert.

Welche Familienangehörigen sind schon ausgewandert? Wohin?
Margot u. Georg in Australien. Hilde in der Schweiz.

II. Liegenschaften:

1. Welche Grundstücke, Grundstücksanteile und grundstücksgleiche Rechte gehören Ihnen? (Bezeichnung, Lage, Grundbuchblatt, Einheits- oder Verkehrswert mit genauer Angabe der Belastungen)

    a) Im Inland: *Haus-Grundstück Steglitz Holsteinische 30 Ecke Friedrich. St. Amtsgericht Schöneberg Grundbuch Berlin-Friedenau Band 37. Bl. Nr. 1599.*

    [handschriftliche Eintragungen]

    Nach der Löschungsbewilligung des FA Schöneberg vom 19. Oktober 1943 ist das nebenstehende Grundstück im Grundbuch des Amtsgerichts ... Steglitz im Bd. 54 Blatt Nr. 1656 eingetragen. ... 2. 12. 43

    b) Im Ausland:

III. Forderungen: *keine*

(Bei sämtlichen Forderungen sind Name, evtl. jüdische Rassezugehörigkeit genaue Anschrift des Schuldners, Höhe der Forderung, Entstehungsgrund, Fälligkeit, schwebende Prozesse und Zwangsvollstreckungsverfahren nach Gericht und Aktenzahl anzuführen; Schuldscheine, Korrespondenz, Urteile, Namen von Zeugen und sonstiges Beweismaterial sind beizuschließen.)

1. Inländische Forderungen:

    a) Im Grundbuch sichergestellte Forderungen (Hypotheken, Grund- und Rentenschulden usw. — Bezeichnung und Lage des Grundstücks sowie Grundbuchblatt):

Ich erkläre ausdrücklich, daß ich meine vorstehenden Angaben nach bestem Wissen gemacht und dabei insbesondere keinerlei Vermögenswerte verschwiegen habe. Ich versichere weiterhin, außer für meine Ehefrau und meine Kinder, deren Vermögen ich besonders angegeben habe, für andere Personen nur solche Vermögenswerte zu verwalten oder in Gewahrsam zu haben, die von mir ausdrücklich in dieser Vermögenserklärung (falls nicht anderweitig, in der letzten Spalte unter Verschiedenes) als fremde bezeichnet worden sind. Ich bin mir bewußt, daß falsche oder unvollständige Angaben geahndet werden.

Ludwig Israel Rheingau

_____, den 7. September 1942

_____
(Unterschrift)

Eingeg. 8 Sep 1942
D.R.Nr.: 876
Grunow, Berichtsverfasser

O 9489

Verfügung

Auf Grund des § 1 des Gesetzes über die Einziehung kommunistischen Vermögens vom 26. Mai 1933 — RGBl. I S. 293 — in Verbindung mit dem Gesetz über die Einziehung volks- und staatsfeindlichen Vermögens vom 14. Juli 1933 — RGBl. I S. 479 —, der Verordnung über die Einziehung volks- und staatsfeindlichen Vermögens im Lande Österreich vom 18. 11. 1938 — RGBl. I S. 1620 —, der Verordnung über die Einziehung volks- und staatsfeindlichen Vermögens in den sudetendeutschen Gebieten vom 12. 5. 1939 — RGBl. I S. 911 — und der Verordnung über die Einziehung von Vermögen im Protektorat Böhmen und Mähren vom 4. Oktober 1939 — RGBl. I S. 1998 — wird in Verbindung mit dem Erlaß des Führers und Reichskanzlers über die Verwertung des eingezogenen Vermögens von Reichsfeinden vom 29. Mai 1941 — RGBl. I S. 303 —

das gesamte Vermögen des — der

Ludwig Isr. Chodziesner

geborene _____, geboren am   28.8.61

in   Obersitzko

zuletzt wohnhaft in   Berlin-Schbg.

Speyererstr. 10   Straße/Platz Nr. ,

zugunsten des Deutschen Reiches eingezogen.

Im Auftrage

Dreher

Zustellungs=Urkunde

Beglaubigte Abschrift dieser Zustellungsurkunde habe ich heute im Auftrage nebst einer vorstehenden Schrift des Herrn

Rechtsanwalts — Justizrats — *Hannelore*

zum Zwecke der Zustellung an den — *Ludwig Hessel*

zu — *Berlin*

das — ich — b — der Empfänger — *Hochheimer*

selbst — in der Wohnung — in dem Geschäftslokale — übergeben —

Hochheimer wohnhaft *der Heimatsvermutung*

nicht angetroffen habe — und die Zustellung weder an einen Hausgenossen noch an eine
dienende Person noch an den Hauswirt oder Vermieter ausführbar war, dort: —
dem zur Familie gehörigen erwachsenen Hausgenossen, nämlich b

Ehefrau — Sohne — Tochter — Ehemann —

be — in der Familie dienenden erwachsenen — Vermieter — nämlich be

be — in demselben Hause wohnenden Hauswirt — Vermieter —
welche zur Annahme bereit war

be — Gewerbegehilf , nämlich be

dem Bürgervorsteher — Gehilfen — Schreiber desselben —

dem Sekretär — Buchhalter — Rendanten — Kontrolleur —

— übergeben
auf der Geschäftsstelle des Amtsgerichts — bei der Postanstalt — dem — Bürgermeister —
dem Polizeivorsteher — zu ___ niedergelegt.

Berlin=Steglitz, den ___ 19__

S. Berlin

Ober=Gerichtsvollzieher in Berlin=Steglitz.

Oberg___htsvollzieher
beim Amtsgericht Berlin
Berlin-Tempelhof
Werbergstraße 8
Sprechzeit v. 10–18 Uhr
Tel. G 5, 7333
Postscheckkonto Bln. 100___

Gehören zu einer Wohnung mehrere
Schätzungsblätter, so sind diese oben rechts
laufend zu numerieren

Schätzungsblatt Nr. 1

Aktenzeichen des OFP
lt. Straßenliste ___ 16034

Berlin: _____ Straße: _____ Nr. 10 Lage: 14

Früherer Mieter bzw. Untermieter:
(Früherer Eigentümer der Gegenstände)

Chodziesner, _____, ____

Inventar und Bewertung

Lfd. Nr.	Stück	Gegenstand	Nähere Kennzeichnung	Bemerkungen

(handschriftlicher Text, teilweise unleserlich)

zu übertragen Seitensumme: RM

C/2340

Lfd. Nr.	Stück	Gegenstand	Nähere Kennzeichnung	Bewertung in RM	Bemerkungen
		Übertrag			
		[handwritten entry]			

Die Tochter erklärt, daß
für die Sachen im Jahre 1939
sie ihr Vater als Eigentum
übertragen hätte und daß sie noch
schon Eigentümer der Sachen war
und sie sie diese durch Vererbung
und Kaufens am 25. Juli
1942 nachgewiesen.
Sie erklärt ferner, daß die
durch Vermietung dieses
Mobilars, als zusätzlich immer
zu ihrem Lebensbedarf
kommen der Lebensunterhalt
und die Miete in Höhe von monatlich
300 RM daraus bestreitet.

Gewissenhaft aufgenommen und bewertet:

[signature: Schwemmigke]

Beamter der Reichsfinanzverwaltung	Freiberuflicher Schätzer	Beauftragter der Wirtschaftsgruppe Einzelhandel

Quittung.

Ich bestätige, daß mir der mituntergezeichnete Vollziehungsbeamte das Wohnungsinventar des

Juden _Chodziesner_ in Berlin _Prinz_____ _____ Straße Nr. _____

heute übergeben hat.

Berlin, _3 August_ 194 _3_

_____
Unterschrift des Vollziehungsbeamten

_____
Unterschrift des Unternehmers

Wenden!

Vordruck Verm.-Verw. Nr. 39   C/2340. DJR. 350/42.

Vfg.

1. Die Wohnungseinrichtung ist heute an den Einzelhändler Herr Otto Nürnberg Bahnstr. 11 übergeben worden. Der Abschnitt des Posteinzahlungsscheines — Kassenquittung — hat zur Einsicht vorgelegen. Der Betrag von 2.485.65 RM ist am 3. April 1942 an die Oberfinanzkasse eingezahlt worden.

2. Zurück an den Platzbearbeiter zur weiteren Veranlassung.

_____
Unterschrift des Vollziehungsbeamten

Der Oberfinanzpräsident
Berlin-Brandenburg
Vermögensverwertungsstelle

Berlin NW 40,
Alt-Moabit 143
Fernspr. 35 66 61

O 5205/32../1034 ... F i./Verw.

Eilt!

Herrn
Generalbauinspektor für die Reichshauptstadt
Hauptamt für Verwaltung und Wirtschaft

-Berlin-Charlottenburg 2
-Berliner Straße 4-9

Betrifft: Wohnungsräumung
Meldung über geräumte Wohnungen.

Die Wohnung des .... Straße ...
Berlin .... ist heute geräumt worden. Die Meldung erfolgt zum Zwecke der
Weitervermietung oder der Aufgabe an das Hauptplanungsamt zur
Beschlagnahme

Im Auftrag

Vordr. Verm.Verw. Nr. 38

Der Oberfinanzpräsident Berlin-Brandenburg
Vermögensverwertungsstelle

O 5210 / XXX / 16034 / Mg

Berlin NW 40,
Alt-Moabit 143
Fernsprecher: 35 66 61
Apparat 853
Zimmer-Nr. 221

19. [handschriftlich]

An die

Grundstückskartei

im Hause

Anlagen: 3 Grundstücksunterlagen.

Vorgang: Erlaß des RdF. vom 27. Februar 1942 — O 5210 — 1839 VI — über die Verwaltung und Verwertung des dem Reich verfallenen Vermögens, Regelung der Zuständigkeit.

Betrifft: Verwaltung und Verwertung folgenden Grundbesitzes: Wohnhaus — Einfamilienhaus — Geschäftshaus — Bauland — Landwirtschaftlich — gärtnerisch genutztes Grund-stück in Berlin-Steglitz, Siegdelpher. 30 für Einfamilienhaus

eingetragen beim Amtsgericht Steglitz

Grundbuch von Lichterfelde [?] Band 34 Blatt 1574

Eigentümer: 20.Rheinsberg, Lichterfeld, Siegdel-Schulz (Korseman Nr. 23)

Verwalter: [handschriftlich]

I. Übertragung der Zuständigkeit.

Der obenbezeichnete Grundbesitz ist dem Reich verfallen. Ich habe die Grundbuchberichtigung einzuleiten veranlaßt. Ich bitte, die Verwaltung und Verwertung des Grundbesitzes zu übernehmen. Soweit Vor-gänge über den Grundbesitz hier vorhanden sind, sind sie als Unterlagen beigefügt.

Vermögensverw. Vordruck Nr. 26 (Grundstücke an Grundstückskartei)

C/2340. DStP. 219/43.

Der Oberfinanzpräsident Berlin-Brandenburg

Vermögensverwertungsstelle

Berlin NW 40, 2. /10. 43

Alt-Moabit 143

Fernsprecher: 35 66 61, App. 853 25

Zimmer Nr. 227

Finanzamt

Berlin-Schöneberg

Die Oberfinanzkasse hat folgende Konten:

Postscheckamt Berlin Konto Nr. 791 85

Reichsbank Berlin Konto Nr. 1/1111

O 5205   *XXX* / 16034 / Abzb. Vm

O 5210

Einziehung von Vermögenswerten.

Das Vermögen des Juden (der Jüdin) _Ludwig Israel Chodziesner_

zuletzt wohnhaft in _Berlin-Schöneberg, Bayreuther. 18_ , ist

— § 3 der 11. Verordnung zum Reichsbürgergesetz vom 25. November 1941 (RGBl. I Seite 722)
  gemäß dem Reich verfallen —

— durch Verfügung des Geheimen Staatspolizeiamts zugunsten des Reichs eingezogen worden, dem
  Betroffenen zugestellt am _8.9.42_ —

— Der Jude (die Jüdin) ist nach Litzmannstadt — Theresienstadt — abgeschoben —

Ich bitte,

1. mir mitzuteilen, welche Vermögenswerte Ihnen im einzelnen bekannt sind,
2. festzustellen, ob noch Sicherheiten für die Reichsfluchtsteuer vorhanden sind. (Hinweis auf den Erlaß
   des RdF. vom 14. April 1942 S 1915 — 2282/O 5205 — 124 VI),
3. von der Übersendung der Steuerakten abzusehen.

Im Auftrag

Vordruck Verm. Nr. 1 (Anfrage an Finanzamt)

C/2340. DGR. 255/43.

Finanzamt Schöneberg

Zimmer Nr. **65**

Steuerbez. **15** Nr. **480**
Es wird ersucht, bei Beantwortung
die obige Nummer anzugeben.
Bankkonto: Reichsbankgirokonto
Nebenstelle Schöneberg. Kto.Nr. 1 58/112
Bln.=Schöneberg, Innsbruckerstr. 35.
Postscheckkonto: Berlin Nr. 50997.

Berlin=Schöneberg, 1. November 1943
Reppichstr. 19/21
Fernsprecher: 71 2381

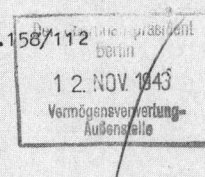

~~Das Finanzamt bleibt jeden Montag~~, Die Finanzkasse bleibt
~~nur~~ am letzten Werktag im Monat für das Publikum
geschlossen. Schriftliche Anfragen im Privatinteresse ohne
beigefügten Freibriefumschlag werden gemäß Erlaß des
Herrn Reichsministers der Finanzen nicht beantwortet.

12. NOV. 1943
Vermögensverwertung=
Außenstelle

Betrifft: Ihr Schreiben vom 2. Oktober 1943
O 5205/-XXX/16034-

    Der Jude Ludwig Israel Chodziesner, zuletzt wohnhaft
in Berlin W 30, Speyerer Str. 10, hat nach seiner Erklärung am
1. Januar 1940 folgendes Vermögen besessen:

1.) Grundstück in Berlin-Steglitz, Fregestr. 30 Ecke
    Holsteinische Str. 30 =   99.300,--RM

2.) Bankguthaben bei der Dresdner Bank
    a) Savignypl. 11, Kto.Nr. 2029 =   890,-- '
    b) Kaution bei der Gasgesellschaft, Buchzeichen
                     013265 =   15,-- '
      "   "   " Bewag, Buchzeichen 301 =   25,-- '

3.) Wertpapiere mit einem Kurswert von =   2.475,-- '
                                102.705,--RM

    Abzüglich rückständiger Beiträge für die
    jüdische Gemeinde   400,-- '
                                102.305,--RM

    Chodziesner hat die Sicherheit für Reichsfluchtsteuer
durch Bestellung einer Sicherungshypothek von 37.250,-- RM an
dem Grundstück Fregestr. 30 Ecke Holsteinische Str. 30 - Grundbuch des AG. Berlin-Schöneberg von Berlin-Steglitz Bd. 54 Bl.
1655 Abt. III Nr. 13 geleistet. Eine Löschungsbewilligung
ist beigefügt.

Herrn
Oberfinanzpräsidenten
Berlin-Brandenburg
Vermögensverwertungsstelle

B e r l i n NW 40
Alt Moabit 143

Im Auftrag
Schmitt   Beglaubigt:

Oberfinanzkasse
des Oberfinanzpräsidenten Berlin-Brandenburg

Berlin W 15,
Kurfürstendamm, 193/194

Herrn

Oberfinanzpräsidenten Berlin-Brandenburg
Vermögensverwertungsstelle

Berlin NW 40
Alt-Moabit 143

Betrifft: Vermögensbeschlagnahmesache $\frac{O\ 5210\ XXI\ 16034}{5295}$

Von H. Simneberg, Berechtigtenachweis: 27

sind 3350.— RM — Rpf (Wert 14/6 .) eingezahlt und im Titelbuch 1 Teil=

band E unter lfd. Nr. 171253 als dem Reich verfallen erklärte Vermögenswerte verbucht worden.

Im Auftrag

11. 7. 44 K.

12 Verwaltungsakte

Gertrud Kolmar wurde im Verlauf der sogenannten Fabrikation am 27. Februar 1943, zusammen mit allen anderen jüdischen Zwangsarbeitern in Berlin, verhaftet und wenige Tage später nach Auschwitz transportiert. Das Telegramm vom 8. März 1943, mit dem der Obersturmführer Schwartz ihre Ankunft an das Amt D II des Wirtschaftsverwaltungshauptamtes in Oranienburg meldete, ist erhalten geblieben: »Betr.: Abtransport von jüdischen Rüstungsarb. Am 5. und 7. März trafen folgende jüdische Häftlingstransporte ein. Transport aus Berlin, Eingang 5. März 43, Gesamtstärke 1128 Juden. Zum Arbeitseinsatz gelangten 389 Männer (Buna) und 96 Frauen. Sonderbehandelt wurden 151 Männer und 492 Frauen und Kinder... Transport aus Berlin, Eingang 7. März 43, Gesamtstärke 690 einschließlich 25 Schutzhäftlingen. Zum Arbeitseinsatz gelangten 153 Männer und 25 Schutzhäftlinge (Buna) und 65 Frauen. Sonderbehandelt wurden 30 Männer und 417 Frauen und Kinder.« (›Dokumenty i Materialy z czasów okupacji niemieckiej w Polsce‹, Bd. I, hrsg. von N. Blumental im Auftrag der Zentralen Jüdischen Historischen Kommission. Lodz 1946, S. 110.)

In den seinerzeit angelegten Akten der Oberfinanzdirektion von Berlin, die heute vom Berliner Landesarchiv aufbewahrt werden, sind die einzelnen Dokumente, die die Enteignung und Wohnungsauflösung der Berliner Juden beurkunden, vollständig gesammelt. Sie gehören, zusammen mit den Karteikarten mit den Daten der Deportationen, zu den erschütternden Dokumenten, die von der – sehr bürokratisch geregelten – Liquidation der deutschen Juden erhalten geblieben sind. Archiviert wurden im Falle Chodziesner unter anderem die berüchtigte sechzehnseitige Vermögenserklärung, eine Verfügung über die Einziehung des Vermögens, eine Inventarliste und ein Beleg über die Räumung der Wohnung.

1 Aktendeckel, Ludwig Israel Chodziesner betreffend

Berlin-Schöneberg, Speyererstr. 10¹ (recte: 10ᴵᴵ) (Landesarchiv, Berlin)

Auf dem Deckel ist vermerkt »Achtung Gegenstände«. Dabei dürfte es sich um »Dep. Besitz« gehandelt haben, der »am 24. 5. 50 an Herrn Peter Wenzel, Wannsee, Königstr. 27 gesandt« wurde.

Es folgen die Nummern »O 5205-XXX/16034 1-514/50 zu 49/45-319/52 149–231/53«

2 Vermögenserklärung Ludwig Chodziesners aus Nr. 12/1

aufgestellt zum 7. September 1942, vor seiner Deportation nach Theresienstadt. 8 Bl., gezeigt S. 1. (Landesarchiv, Berlin)

Vornamen... und Zuname: »*Ludwig* Israel Chodziesner«
Beruf: »früher Rechtsanwa[l]t, Notar« Jude? »Ja!«
Letzte Beschäftigung...: »Über 40 Jahre bei den Berliner Gerichten.«
Wohnung... seit wann? »Schöneberg, Speyererstrasse 10^{II} rechts.
Seit 21 Januar 1939.« *(Seite 1)*
Ludwig Chodziesner teilt die Fünfzimmerwohnung, in der auch seine Tochter Gertrud
lebt, mit »1. Frau Gertrud Sara Fuchs, 2. Herrn Rudolf Berg u. Frau 3. Frl. Sara Mayer 4.
Herrn Martin Israel Schwarrenz [?], also fünf jüdischen Untermietern...« *(Seite 2)*

Antworten auf Fragen nach Kindern, »auch solche über 21 Jahre«, die im gemeinsamen
Haushalt oder außerhalb des gemeinsamen Haushalts wohnen und nach deren Vermögen:
»Gertrud Sara geb. 10. 12. 1894 Berlin, im Arbeitseinsatz seit über 1 Jahr bei der Epeko.
jüdisch (reklamiert.)«
»Margot, Georg in Australien
Hilde in der Schweiz, Zürich Wildbachst. 50 $\left.\right\}$ jüdisch.«
»Kein Vermögen, Einkommen unbekannt. Die Tochter Gertrud Sara etwa 20 Mark
wöchentlich netto« *(Seite 3)*
Nach den Angaben zur Person und zur Familie werden Auskünfte über das »gesamte
Vermögen im In- und Ausland« verlangt, spezifiziert nach »I. Flüssiges Vermögen«, »II.
Liegenschaften« (das angegebene Grundstück in Steglitz wird mit einer »Löschungsbewil-
ligung« im Grundbuch gestrichen und eingezogen), »III. Forderungen«, »IV. Wohnungs-
inventar und Kleidungsstücke (Anzahl und Wertangaben)«: »Frack abgegeben bei
Spinnstoffsammlung sowie 3 Anzüge 1 Hose u 1 Weste.«; »Gewerbliches Eigentum«. –
Unter der Rubrik »Passiven« vermerkt der »frühere Rechtsanwalt«: »Meinen 4 Kindern
gegenüber besteht die gesetzliche Unterhaltspflicht.«

3 Verfügung vom 1. September 1942 aus Nr. 12/1
Geheime Staatspolizei, Staatspolizeileitstelle Berlin (Landesarchiv, Berlin)
»Auf Grund des § 1 des Gesetzes über die Einziehung kommunistischen Vermögens vom
26. Mai 1933... in Verbindung mit dem Gesetz über die Einziehung volks- und
staatsfeindlichen Vermögens vom 14. Juli 1933... wird in Verbindung mit dem Erlaß des
Führers und Reichskanzlers... das gesamte Vermögen des Ludwig Isr. Chodziesner...
zugunsten des Deutschen Reiches eingezogen. Im Auftrage Dreher«.
Die »Verfügung« wird Ludwig Chodziesner, wie die gebührenpflichtige »Zustellungs-
Urkunde« vom 8. September 1942 dokumentiert, »selbst /in der Wohnung – in dem
Geschäftslokale – *gestrichen*/ Gr Hamburgerstr 20 übergeben«. Die Große Hamburger-
Straße war das Sammellager für die Deportation.

4 Inventar und Bewertung aus Nr. 12/1

durch den Obergerichtsvollzieher beim Amtsgericht Berlin, Berlin-Tempelhof vom 4. November 1942, 1 Bl. (Landesarchiv, Berlin)

»Inventar und Bewertung. Nach Angabe der Tochter Gertrud Sara Chodziesner hat die Tochter mit dem Evakuierten zusammen 1 Wohnung bewohnt. Die Wohnung besteht aus 4½ Zimmer. Hiervon sind 3½ Zimmer an jüdische Untermieter vermietet, während 1 Zimmer von der Tochter bewohnt wird. Die in den vermieteten Zimmern befindlichen Möbel u. sonstige Einrichtungsgegenstände, die einen Wert von ca 1000,– – 1500,– RM besitzen, sind angeblich teils Eigentum der Tochter durch Erbschaft von der Mutter und teils von dem Vater als Eigentum für geleistete Hilfe übertragen. Es wird um Entscheidung gebeten, ob diese Sachen [Textverlust] der Eigentumsansprüche geschätzt wer [Textverlust]«

Auf der Rückseite: »Die Tochter erklärte, daß ihr die Sachen im Jahre 1939 von ihrem Vater als Eigentum übertragen sind, soweit sie nicht schon Eigentümerin der Sachen war und hat dieses durch Vorlegung eines Schreibens vom 24. Juli 1942 nachgewiesen. Sie erklärte ferner, daß sie durch Vermietung dieses Mobiliars, als möblierte Zimmer, zusätzlich zu ihrem Arbeitseinkommen den Lebensunterhalt und die Miete in Höhe von monatlich 200,– RM davon bestreite.«

5 Karteikarte, die Deportation Ludwig Chodziesners betreffend, aus Nr. 12/1

»Deport. mit dem 60. Alterstransp. v. 9. 9. 42 n. Theresienstadt (erl. 2 Nr. 20)« (Landesarchiv, Berlin)

6 Karteikarte, die Deporation Gertrud Kolmars betreffend, aus Nr. 12/1

»32. Osttransp. v. 2. 3. 43 (erl. 11 Nr. 179)« (Landesarchiv, Berlin)

7 Peter Wenzel an Hilde Wenzel

Berlin, 12. März 1943. Handschriftlicher Brief, 1 Bl. (2 S.)

»Ich weiss nicht, ob Trude Dir noch vor ihrer Abreise schreiben konnte; als ich jetzt einige Tage nach dem Luftangriff zu ihrer Wohnung ging, fand ich diese nicht so vor wie sonst in den letzten Monaten und wie ich sie vorzufinden hoffte. Obgleich man schließlich mit einem solchen Ereignis rechnen mußte, wird Dich diese Nachricht schwer treffen. Aber ich kenne Deinen und auch Trudes Mut in den Schicksalsschlägen der letzten Jahre und ich weiss, dass Du auch diesen überwinden wirst. Näheres kann ich Dir im Augenblick nicht mitteilen; es ist ja auch belanglos.«

8 Dokument über die Räumung der Wohnung, aus Nr. 12/1

Kopie eines Formulars? (Landesarchiv, Berlin)

»Geräumt am 3. 4. 43«

9 Todeserklärung für Gertrud Kolmar

»Gertrud Chodziesner, ohne Beruf, ledig, deutscher Staatsangehörigkeit, zuletzt wohnhaft in Berlin-Schöneberg, Speyerer Straße 10 ist durch Entscheidung des Amtsgerichts Schöneberg in Berlin-Schöneberg vom 2. Mai 1951 für tot erklärt worden... Als Zeitpunkt des Todes ist der 2. März 1943 festgestellt.«

10 Gertrud Kolmar: Wir Juden

Manuskript aus dem Zyklus ›Das Wort der Stummen‹, 15. September 1933.
Einzelne Schreibmaschinenabschrift

13 ›Welten‹

1947 erschien Gertrud Kolmars Gedichtsammlung ›Welten‹ als Broschur im Suhrkamp Verlag – eine erste wichtige Etappe in dem Bemühen, das Kolmarsche Werk für die Nachwelt zu retten. Peter und Hilde Wenzel, der Schwager und die Schwester der Dichterin, hatten schon bald nach dem Kriege damit begonnen, für eine Veröffentlichung des Werks zu werben. Es unterstützten sie dabei jene, die – wie Jacob Picard und Karl Escher – der Dichterin in den letzten Jahren in Berlin noch persönlich begegnet waren. Und es machten sich noch zwei weitere Persönlichkeiten des literarischen Lebens die Sache der Dichterin zu eigen: der Verleger Peter Suhrkamp und sein langjähriger Lektor, der Schriftsteller Hermann Kasack. Mit dem bescheidenen blauen Bändchen der ›Welten‹ war aus den verschiedensten Gründen noch kein Durchbruch für die Dichterin zu erzielen, doch bedeutete die damals erreichte Publizität eine Ermutigung für ihre Befürworter. Umfangreiche Briefwechsel und andere Dokumente belegen das unermüdliche Wirken für Gertrud Kolmars Werk.

Vor allem Peter Wenzels Leistung ist nicht hoch genug einzuschätzen. Er sammelte die aus Sicherheitsgründen bei verschiedenen Personen bewahrten Manuskripte, Typoskripte und Erstdrucke: Ein Teil befand sich bei Hilde Benjamin; ein weiterer Teil bei Susanne Jung aus Düsseldorf, einer entfernteren Verwandten der Chodziesners, die in den letzten Jahren mit Gertrud Kolmar in Verbindung gestanden hatte; einen anderen Teil hatte er selbst in Berlin oder Hilde Wenzel in der Schweiz verwahrt. Er stellte Schreibmaschinen-abschriften der Manuskripte her und suchte den Kontakt zu Verlegern, Schriftstellern, Rundfunk- und Theaterleuten.

Am 24. Mai 1946 schrieb er zum ersten Mal an Peter Suhrkamp vom Berliner Suhrkamp Verlag vorm. S. Fischer und sandte ihm einige Gedichtproben. Es heißt in diesem Brief: »Mir, der ich Gertrud Kolmar als Schwager lange Zeit nahegestanden habe, erscheint es nicht nur als eine Pflicht der Pietät, ihre Verse vor dem Vergessenwerden zu bewahren. Vielmehr glaube ich, dass hier etwas Bedeutendes und Eigenartiges gerettet und dem Bestande wesentlicher deutscher Lyrik einverleibt zu werden verdient.« Als Wenzel und Suhrkamp sich etwa Mitte Juni in Berlin trafen, hatte der Verleger sein Votum für die Annahme der Gedichte Gertrud Kolmars in einem kleinen Resümée niedergelegt. Peter Wenzel berichtete seiner inzwischen von ihm geschiedenen Frau am 18. Juni ausführlich über seine erste Begegnung mit Suhrkamp.

Am 28. November 1946 traf Wenzel mit Hermann Kasack zusammen, der damit betraut war, die Veröffentlichung aus den Manuskripten vorzubereiten. Das geht aus einem Schreiben des Suhrkamp Verlages an den Christian Kaiser Verlag in München vom selben Tag hervor, in dem es heißt, man beabsichtige, »im kommenden Jahr eine Neuausgabe der

Dichtung von Gertrud Kolmar zu machen«. Der Münchner Verlag hatte auf Vorschlag von Ina Seidel das Gedicht ›Gebet‹ in seine 1946 erschienene Anthologie ›Licht der Welt‹ aufgenommen. Doch das frühe, autobiographisch interessante Gedicht war kaum geeignet, die Aufmerksamkeit der literarischen Öffentlichkeit auf die Dichterin zu lenken. Dies gelang, wie gesagt, auch mit der Publikation der ›Welten‹ im Juli 1947 nur in begrenztem Umfang. Die hymnenartigen Gedichte in freien Rhythmen mit autobiographischem, aber teilweise stark verschlüsseltem Gehalt bilden einen kleinen, späten und sehr spezifischen Ausschnitt aus dem lyrischen Gesamtwerk. Sie erreichten kein größeres Publikum in der unmittelbaren Nachkriegszeit – trotz günstiger Urteile, die Peter Wenzel über das Büchlein sammeln konnte.

1 Peter Wenzel an Hilde Wenzel

Berlin, 18. Juni 1946, handschriftlicher Brief, 1 Doppelbogen (4 S.), gezeigt S. 1.

Peter Wenzel resümierte seine ersten Bemühungen um das Werk von Gertrud Kolmar.

»Liebe Hilde,

meine beiden in der vorigen Woche abgesandten Briefe wirst Du sicher inzwischen bekommen haben. Sie enthielten: 1. einen Brief von mir an Ina Seidel 2. deren Antwort 3. einen Brief von mir an Herr[n] Suhrkamp 4. einen Brief von mir an Hilde Benjamin. Am vergangenen Freitag war ich nun bei Herrn Suhrkamp (Berlin-Zehlendorf-West, Forststr. 27). Dieser empfing mich sehr nett und machte auf mich einen sehr guten Eindruck als Mensch, als Literat und als Kaufmann. Er war von Trudes Gedichten (die er bislang nicht kannte) sichtlich beeindruckt. Ein kleines Exposé, das er sich – wohl in erster Linie für sich selbst – gemacht hatte, schien mir viel Treffendes über Trudes Verse auszudrücken. Ich habe ihn gebeten, mir davon 2 Abschriften machen zu lassen, eine für Dich und eine für mich. Übrigens hat er sich auch Deine Adresse aufgeschrieben. Ich sagte ihm ja auch, dass ich mich nur als Mittelsmann betrachtete, alle endgültigen Entscheidungen aber von Dir und dem ›Jungen‹ [Gertrud Kolmars Bruder Georg] zu treffen wären. Unsere Ansichten über die Art einer Veröffentlichung von Tr. Gedichten stimmten weitgehend überein. Eine Zeitschrift plant Herr S. für die nächste Zeit noch nicht; es sei, wie er m. Meinung nach richtig erklärte, noch kein wirklicher Widerhall im Publikum vorhanden, trotz des Lesehungers; ja in Wirklichkeit sei ein literarisches Publikum überhaupt noch nicht vorhanden. Also käme nur eine Buchveröffentlichung in Frage. Ein solches Unternehmen sei wichtig, aber nicht eilig. Wesentlich aber sei, dass nicht etwas Vorläufiges, sondern etwas Endgültiges dabei entstände. Er möchte deshalb alles kennenlernen, was gedruckt oder ungedruckt von Trude vorhanden wäre, damit er daraus eine – nicht zu kleine – Auswahl treffen kann… Er wird sich in erster Linie an Hilde Benjamin wenden, die mir einmal sagte, dass Trude ihr ihre Manuskripte gegeben hätte…

Vor langer Zeit einmal las ich, dass der alte Sami Fischer, wenn er ein Manuskript ablehnte, dies mit der Begründung tat, es hätte ›keine Dämonie‹. Er wollte wohl damit sagen, dass das wahre Dichtwerk etwas Unnennbares, Nicht zu fassendes an sich haben müsste, das es von einem noch so gut ›gekonnten‹ Erzeugnis eines Schriftstellers unterscheidet. Und ist nicht das ›Dämonische‹ das Charakteristische an Trudes Gedichten?...«

2 Peter Suhrkamp: Lektorat über ›Gertrud Kolmar (Gertrud Chodziesner) Nachlaß-gedichte‹

Am 28. Juni erhielt Peter Wenzel die von Peter Suhrkamp erbetenen Abschriften von dessen Exposé über Gedichte Gertrud Kolmars. In einem Begleitschreiben des Verlagssekretariats ist zwar Peter Suhrkamp nicht als Verfasser genannt. Es heißt dort vielmehr, es handle sich um »Abschriften des Urteils unseres Lektorats über die Gedichte von Frau Gertrud Kolmar«. Dennoch erscheinen die wiederholten Mitteilungen Peter Wenzels glaubwürdig, die Beurteilung stamme von Suhrkamp selbst, da sie allem Anschein nach auf das von ihm erwähnte Gespräch mit Peter Suhrkamp zurückgehen. So heißt es in einer handschriftlichen Notiz für Hilde Wenzel: »Diese schöne Charakteristik, die Herr Suhrkamp über Trudes Gedichte niedergeschrieben hat, übersende ich Dir zur Ergänzung meines Briefwechsels mit ihm und Ina Seidel. Peter.«

»Aus dem Vergleich der früheren und späteren Gedichte zeigt sich, einen wie starken, sicheren und einmaligen Weg das dichterische Talent dieser Frau genommen hat. Stehen in den frühen einige, deren Klang oder Einzelheit aufhorchen lässt, so sind in den späteren alle Gedichte aus einem Guss. So häufig bei Lyrikern findet man das eine oder andere, das die allgemeine künstlerische Norm überragt; Inseln gleichsam. Hier sind es nicht Einzelheiten, die bestechen, sondern Bilder, die haften, hier ist es nicht das eine Gedicht zwischen weniger belangvollen, das auffällt –: hier stützt und ergänzt ein Gedicht das andere, hier ist eine wirkliche Einheit in der lyrischen Gestaltung. Also ein seltener Fund. Eine plastische Sprache, hart und immer wieder besonders gefügt, dabei ohne gewollte Manier. Keine Nachahmung männlicher Mentalität, sondern durchaus weiblich im Elementaren (wie die Plastik der Sintenis es Gottlob immer ist), keine Angleichung an lyrische Konventionen des letzten Jahrhunderts – das heisst also: nicht die Schönheit steht als Idee hinter dem Weltbild, sondern die Wahrheit. Die Wahrheit, in der Irrealität (Traumvision) und Realität (Erfahrungswissen) sich zum künstlerischen Ausdruck vereinigen. Die durchglühte Ekstatik und die visionäre Beladenheit des Denkens in Bildern ist gemässigter als bei der grossen Vorläuferin Else Lasker-Schüler, aber der tiefe Passionszug des Jüdischen, der auch den Gedichten von Hew. Kolmar [sic] das Gepräge gibt, ist nicht minder stark da.«

3 Peter Suhrkamp

Photographie von M. A. Dohna-Schürenberg. 5,6 x 4,1 cm.

4 Hermann Kasack

Photographie, auf einer Postkarte an Wilhelm Lehmann. 11,9 x 7,6 cm.

5 Peter Suhrkamp an Peter Wenzel

Berlin-Zehlendorf Suhrkamp-Verlag vorm. S.Fischer, 11. September 1947. Maschinenschriftlicher Brief. 1 Bl. (1 S.)

Nicht im Juli 1947, wie das Impressum des Buches mitteilt, sondern »dieser Tage« waren die ersten Exemplare der ›Welten‹ aus der Binderei gekommen. »Um Sie an meiner Freude darüber teilnehmen zu lassen, schicke ich Ihnen – zunächst – gleich zwei Exemplare herüber. Bitte sagen Sie mir doch gelegentlich, ob Ihnen das Buch auch so gefällt.« Die Auflage betrug 5000 Exemplare, der Ladenpreis RM 3,50, von dem 10 Prozent Honorar bezahlt wurden.

6 Gertrud Kolmar: Welten

Berlin: Suhrkamp Verlag vorm. S. Fischer Verlag Juli 1947. Mit einem Nachwort von Hermann Kasack, datiert »Mai 1947«. Zwei Exemplare.

Das aufgeschlagene Exemplar enthält Peter Wenzels Widmung für Wilhelm Lehmann:

> »Dem immer wieder vergessenen
> und immer wieder neu entdeckten
> Dichter
> Wilhelm Lehmann
> sei dieses Bändchen als
> posthumer Gruss von einer,
> der es vielleicht ebenso er-
> gehen wird, überreicht.
> 14. 9. 48   P. W.«

Als Adresse nannte Wenzel die Zeuch-Generatoren G.m.b.H. In Berlin-Wannsee, bei der er damals beschäftigt war. – Das zweite Exemplar mit Anweisungen Hermann Kasacks für die Texteinrichtung des ›Lyrischen Werks‹ (1955).

Umschlag und Titelblatt mit Arbeitsnotizen von Hermann Kasack (s. 13/6)

7 Peter Wenzel: Verteilerzettel für ›Welten‹

Notizblatt, 1 Bl.

Die Liste – mit »Suhrkamp« und »22/20 für mich« überschrieben – verzeichnet offensichtlich Namen, denen Wenzel über den Verlag oder aus seinem Kontingent von Belegstücken Exemplare der ›Welten‹ zudachte. Notiert sind die Namen von Verwandten (z. B. Hilde Benjamin) und Freunden (etwa Ella Geiss) sowie Autoren, von deren Äußerung sich der Buchhändler Peter Wenzel etwas versprach. U. a. werden genannt: Ina Seidel, Ricarda Huch, Clara Viebig, Ilse Langner, Marianne Langewiesche, Luise Rinser, Julius Bab, Stefan Andres, Anna Seghers, Sophie von Podewils, Elisabeth Langgässer, Edith Klipstein, Imma von Bodmershof, »Frau von Peter de Mendelssohn«, d. i. Hilde Spiel. Weiter steht vermerkt: »Hesse Hermann + Ninon haben persönlich bekommen«.

Die Resonanz auf das »blaue Heftchen« war stark – wenige Beispiele mögen das andeuten. Carl Seelig, der uneigennützige Förderer Robert Walsers, Elisabeth Langgässer *(s. S. 57 ff.)*, Wilhelm Lehmann reagieren unmittelbar.

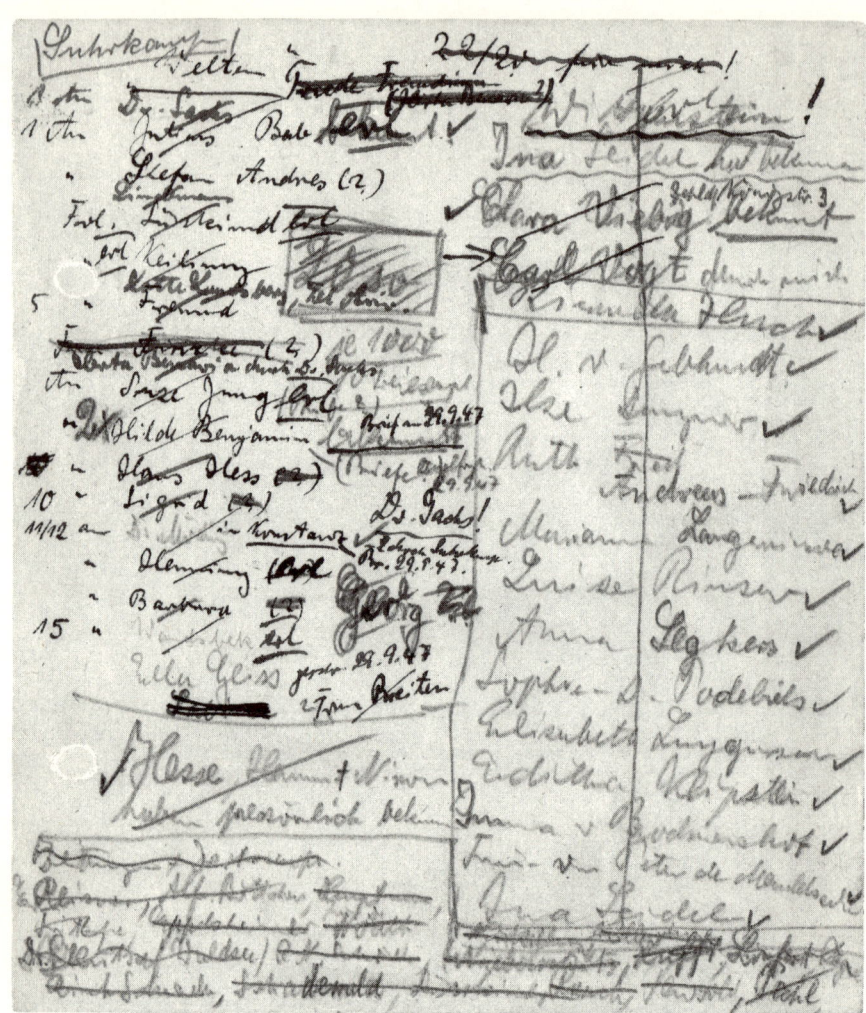

Peter Wenzels Verteilerzettel für ›Welten‹ (s. 13/7)

8 Carl Seelig an Hilde Wenzel

Zürich, 30. August 1948. Maschinenschriftlicher Brief. 1 Bl. (1 S.)

»Schon lange sind mir keine so ergreifenden, malerischen und in ihrer zarten Trauer an Hölderlin erinnernden Gedichte begegnet wie die ihrer Schwester Gertrud. Da ist das Dichterische so evident, dass es anmassend wäre, sie unzart anzupreisen…«
Seelig lehnte die Bitte, das Buch einfach zu rezensieren, ab, und bat, ihm von der Schwester zu erzählen, »von ihrem Leben und Verlorensein für diese Welt, vor allem aber von ihrem

für Hilde Wenzel

zum Andenken an die Schwester

Gertrud

Carl Seelig

Herisau 19 48

Nachlass und der Zeitspanne, in der die wichtigste Lyrik entstand«. Er stellte »einen dokumentarischen Bericht«, »einen kleinen Essai« in Aussicht. Wenig später schickte er Hilde Wenzel ein Buch Robert Walsers:

9 Robert Walser: Vom Glück des Unglücks und der Armut

Hrsg. von Carl Seelig. Federzeichnung von Charles Hug Basel: Benno Schwabe & Cie 1944 (Sammlung Klosterberg)

Mit der Widmung von Carl Seelig:»Für Hilde Wenzel zum Andenken an ihre Schwester Gertrud   Herbst 1948   Carl Seelig«

Ex Libris Hilde Wenzel

Hilde Wenzel machte viele Randanstreichungen, auch in Seeligs Vorwort, wo Walser zitiert wird:»…Nichts in der Welt ist mein, aber ich sehne mich auch nach nichts mehr. Ich kenne keine Sehnsucht mehr…«

10 Wilhelm Lehmann an Peter Wenzel

Eckernförde, 20. September 1948. Abschrift von Peter Wenzel, der das Original an Hilde Wenzel weiterleitet. 1 Bl. (1 S.)

Am 18. September 1948 hatte Lehmann in seinem Tagebuch notiert:»…Mir schickt von Gertrud Kolmar ein Verwandter, Peter Wenzel, Gedichte ›Welten‹. Schreibt dazu sympathisch. Merkwürdig genug, dass immer wieder Menschen mich kennen.« Und an Peter Wenzel schrieb Lehmann:

»…Ich habe alle Verse gleich gelesen und bin bewegt von ihrer ausdrucksvollen Trauer, ihrer machtvoll genauen Phantasie. Freie Rhythmen verleiten den Nichtkönner zur Ausschweifung und Rhetorik: hier decken sich herrlich Gesehenes und Empfundenes. Haben Sie Dank und seien Sie (in Trauer um das grosse Opfer) gegrüsst…«

Der Band ›Welten‹ wird von Erich Pfeiffer-Belli vorgestellt neben Geschichten von Paulheinz Quack, Rudolf Treichler, Wolfgang Petzet, Hedda Zinner, Werner Meiser, Stephan Hermlin, Karl Gerold, Nelly Sachs, Paul Friedrich Maslin, Hans Poether (d. i. Johannes Poethen), Friedrich Georg Jünger, Fritz Usinger, Georg Britting.

11 Erich Pfeiffer-Belli: Sechzehn Bände Lyrik

Der Tagesspiegel, Berlin, 14. Dezember 1947

Über Gertrud Kolmar heißt es:

»Die Gedichte sind zarte, zugleich starke, lichte Gebilde ganz eigener Prägung, sehr ernst, in freien Rhythmen bewußt durchgeformt; eine Verheißung – und schon erloschen, verschollen...«

12 Gretel Adorno an Peter Wenzel

Frankfurt a. M., 20. Januar 1951. Handschriftlicher Brief, 1 Bl. (2 S.)

Gretel Adorno, geborene Karplus, war in den dreißiger Jahren mit Walter Benjamin befreundet; nun planten Theodor W. Adorno, seine Frau und Friedrich Podzus die Sammlung seiner ›Schriften‹ (1955). ›Commentary‹ meint Jacob Picards Essay ›Gertrud Kolmar: The Woman and the Beasts‹.

»20. Jan 1951

Sehr geehrter Herr Wenzel,

schönsten Dank für die Übersendung der ›Welten‹ von Gertrud Kolmar. Herr Suhrkamp wird direkt ein Exemplar an Dora Sophie [Benjamin, die geschiedene Frau Walter Benjamins] nach London schicken, während ich das zweite Exemplar an meinen Schwager Dr Egon Wissing geschickt habe, der ebenfalls ein direkter Vetter der Gertrud Kolmar ist. Er war in erster Ehe mit Gertrud Fis aus Frankfurt verheiratet und ist seit 1936 in Boston. Das Novemberheft der Commentary wird er mir zu verschaffen suchen. Herr Suhrkamp wird Ihnen wohl gesagt haben, daß eine Ausgabe aus Benjamins Schriften geplant ist. Nochmals herzlichen Dank, auch von Professor Adorno

Ihre

ergebene

Gretel Adorno«

13 Haus in Finkenkrug. Treppenhaus

Photographie von Till Bartels, 1991.

Auf der gegenüberliegenden Seite: Das Treppenhaus im Haus Finkenkrug, 1991 (s. 13/13)

Die Entstehung der ersten Ausgabe des ›Lyrischen Werks‹, die Gertrud Kolmars Nachruhm begründen sollte, hat Züge des Märchenhaften. Schon bald nachdem Peter Suhrkamp einen Teil ihrer Gedichte kennengelernt hatte, trug er sich mit dem Plan, einen möglichst umfangreichen Nachlaßband herauszubringen; und Hermann Kasack wies bereits 1947 in seinem Nachwort zu den ›Welten‹ auf ein solches Vorhaben hin. Im Lauf des Jahres 1948 ist dann auch in Briefen zwischen Peter Suhrkamp und Peter Wenzel immer wieder die Rede von Vorbereitungen für einen großen Auswahlband. So schrieb Peter Suhrkamp:

»Zu Ihrer Frage nach dem Stand der Sammelausgabe der Dichtungen von Gertrud Kolmar kann ich Ihnen gleich antworten, daß Währungsreform und Blockade uns keineswegs von der Arbeit daran abgehalten haben. Gerade in den letzten beiden Wochen habe ich mit Herrn Kasack, der über der endgültigen Auswahl sitzt, noch einmal ausführlich grundsätzliche und publikums-psychologische Fragen erörtert. Wir sind dabei zu dem Ergebnis gekommen, daß wir uns zunächst auf einen umfangreichen Band von ca. 400 Seiten im Format 13½ mal 21½ cm einigten. Umfangreicher sollte der Band möglichst nicht sein. Die Gedichte sollten, wie das bei Gesamtausgaben üblich ist, aneinander angehängt werden, also nicht jedes auf einer neuen Seite beginnen. Es ist auch eine Ausrechnung gemacht worden, wieviel in einen solchen Band hineinginge. Ich glaube, daß alles aufgenommen werden kann, was irgend notwendig erscheint, und Herr Kasack ist eben mit der endgültigen Zusammenstellung beschäftigt.« *(27. August 1948 an Peter Wenzel)*

Nachdem Kasack seine Bemühungen um die Präsentation des Bandes Anfang 1949 abgeschlossen hatte, schrieb Suhrkamp an Peter Wenzel:»Wenn alles klappt, hoffe ich, daß das Buch noch 1949 herauskommt.« *(25. Januar 1949)*. Schließlich erschienen im zweiten Heft des ersten Jahrgangs von ›Sinn und Form‹ (1949), herausgegeben wiederum von Hermann Kasack, zwölf Gedichte Gertrud Kolmars.

Doch im Herbst 1949 mußte der Suhrkamp Verlag das Kolmar-Projekt aus inneren und äußeren Gründen zurückstellen; und Kasack meinte gegenüber Peter Wenzel, man müsse den »rechten psychologischen Augenblick« für eine Publikation dieser »großartigen Dichtungen« erst noch abwarten.

Bis der rechte psychologische Augenblick gekommen war, bis also die Deutsche Akademie für Sprache und Dichtung einen Teil der Druckkosten des Nachlaßbandes übernahm, sollten noch sechs Jahre vergehen, voll vergeblicher Bemühungen und besorgten Abwartens. So schrieb Peter Wenzel am 26. Januar 1951 an Hermann Kasack:

»Weihnachten in Berlin sprach ich auch mit Herrn Suhrkamp. Ich fand ihn optimistischer, als ich erwartet hatte, auch hinsichtlich des Kolmar-Buches, das er zunächst einmal auf das Herbst-Programm gesetzt hat. Jetzt aber wird die katastrophale Papierknappheit und Papierverteuerung diese gute Absicht wohl mit Sicherheit vereiteln.

Je mehr die Zeit fortschreitet und die Wolken am politischen Horizont sich verdichten, um so besorgter werde ich um die Erhaltung des Kolmar'schen Werkes. Vieles ist doch nur in dem einen Exemplar vorhanden, das sich in Ihren Händen befindet.«

Alle Versuche Kasacks scheiterten, über die Mainzer Akademie der Wissenschaften und der Literatur einen Druckkostenzuschuß zu erhalten oder die Aufnahme von Kolmar-Gedichten in die von der Akademie herausgegebene Reihe ›Verschollene und Verges-sene‹ durchzusetzen. Man lehnte einen solchen Band ab mit der Begründung, Gertrud Kolmar gehöre nicht in eine Reihe »Vergessene oder Verschollene«, da sie noch zu keinem Zeitpunkt einen »festumrissenen Begriff« dargestellt habe und ihr Werk »gleichsam erst neu zu entdecken sei« *(Kasack an Wenzel, 6. März 1951)*. Mit einem Brief von Peter Wenzel vom 26. März 1951, in dem dieser seine tiefe Enttäuschung über die negative Entscheidung der Akademie zum Ausdruck bringt, endete diese Phase der Bemühungen um die Rettung des Kolmarschen Werks.

Peter Wenzel wanderte 1953 nach Brasilien aus, von wo aus es ihm nicht mehr möglich war, sich weiterhin seiner großen Aufgabe zu widmen. Doch nun wurde, 1953, Hermann Kasack zum Präsidenten der 1949 gegründeten Deutschen Akademie für Sprache und Dichtung in Darmstadt gewählt. 1954/55 gelang es ihm, die Zustimmung dieser Institution zur Veröffentlichung des lyrischen Gesamtwerkes Gertrud Kolmars im Rahmen von deren eigenen Publikationen zu gewinnen. Dies bedeutete, daß die Herstellung von 600 Exemplaren, die unentgeltlich »den wichtigsten Institutionen des In- und Auslands zur Verfügung gestellt werden« sollten *(Kasack an Peter Wenzel am 11. August 1954)*, von der Akademie finanziert wurde, während der Verleger, Lambert Schneider in Heidelberg, den für den Buchhandel bestimmten Teil der Auflage auf eigene Kosten produzierte. Als Peter Wenzel von der Entscheidung der Darmstädter Akademie erfuhr, bekannte er: »Es klingt vielleicht pathetisch, aber es ist doch wahr, daß ich nun das Gefühl habe, einst beruhigter sterben zu können in dem Bewußtsein, an der Erhaltung von etwas mitgewirkt zu haben, was — wie wir glauben — den Tag und unsere Zeit überleben wird.« *(20. Juli 1955 an Hermann Kasack)*

Der Erfolg, den ›Das lyrische Werk‹ seit seinem Erscheinen im Dezember 1955 kontinuierlich zu erzielen vermochte, ist zweifellos auch seiner wohlüberlegten Präsenta-tion durch Hermann Kasack zu verdanken. Kasack hatte stets eine Gesamtausgabe befürwortet, in der viele der großen Zyklen bereits komplett mitgeteilt werden konnten, aus der das Jugendwerk aber um der »Einheitlichkeit des Tons« ausgeschlossen blieb. Des weiteren lag ihm an einer »kompositorischen Gliederung des Ganzen« (*16. Februar 1949 an Peter Wenzel*), was bedeutete, daß er Gedichte, die einzeln oder in kleineren Gruppen überliefert waren, in die von der Dichterin selbst geschaffenen großen Gruppen oder Zyklen ›Weibliches Bildnis, Erster bis vierter Raum‹, ›Tierträume‹ und ›Kind‹ integrierte. Auf diese Weise entstand ein sehr übersichtliches Arrangement der Gedichte, das die zentralen Themen Gertrud Kolmars betont und bis heute den wichtigsten Zugang zu ihrem Schaffen bildet. *(Die ursprünglichen Anordnungen Gertrud Kolmars werden im ›Anhang‹ mitgeteilt)*

Schließlich stammt der Titel der Gesamtausgabe von Hermann Kasack. Er schrieb am 13. Juli 1955: »Auch die Formulierung des Titels wäre noch zu überlegen. ›Gedichte‹ oder ›Dichtungen‹ scheint mir zu blaß, ich würde vorschlagen, ›Gertrud Kolmar, das lyrische Werk‹, mit dieser Prägung ist angedeutet, daß es sich um etwas Besonderes und sowohl qualitativ wie quantitativ Großes handelt.« *(An Hilde Wenzel)*

Eine förderliche Rolle bei der Rettung des Kolmarschen Werks spielte auch Jacob Picard. 1942 hatte er in der in New York erscheinenden Emigrantenzeitung ›Aufbau‹ an die in Deutschland zurückgebliebene Dichterin erinnert. Als er im November 1947 durch den ebenfalls emigrierten Literaturkritiker Julius Bab vom Erscheinen der ›Welten‹ erfuhr, bat er Peter Suhrkamp sogleich um die Übersendung eines Exemplars. Im August 1948 antwortete er auf einen ersten Brief Peter Wenzels, mit dem er, nach den vorliegenden Dokumenten, bis zum Sommer 1951 korrespondierte. 1950 erschien im Novemberheft der Zeitschrift ›Commentary‹, New York, sein erster größerer Aufsatz über Gertrud Kolmar; hier fanden sich auch zum ersten Mal zwei ihrer Gedichte als Übertragungen ins Englische. Am 30. April und am 7. Mai 1954 erschien im ›Aufbau‹ sein Essay ›Dichterin und Martyrium. In Memoriam Gertrud Chodziesner‹. 1955 schrieb Picard dann auf Wunsch Peter und Hilde Wenzels wie auch Hermann Kasacks das Nachwort für die Erstausgabe des ›Lyrischen Werks‹.

Die zweite, erweiterte Ausgabe des ›Lyrischen Werks‹ von 1960, die erste wirkliche Buchausgabe, von Friedhelm Kemp im Münchener Kösel-Verlag herausgegeben, behielt die Grundstruktur der Darmstädter Ausgabe bei. Sie enthielt nun auch eine Auswahl aus den frühen Gedichten und brachte statt des Nachwortes von Jacob Picard einen biographischen Abriß von Hilde Wenzel. Und noch die jüngste Gesamtausgabe des lyrischen Werks, 1987 unter dem Titel ›Weibliches Bildnis. Sämtliche Gedichte‹ im Deutschen Taschenbuchverlag erschienen, folgt der ursprünglichen Anordnung durch Hermann Kasack.

Die Reihe von Auswahlausgaben, Einzelausgaben auch der Prosawerke, Veröffentlichungen in Anthologien und inzwischen auch von Übersetzungen ist inzwischen sehr groß geworden. Nur ein Ausschnitt davon – so die frühesten Übersetzungen ins Englische und die erste Übersetzung ins Italienische (die Erzählung ›Susanna‹) sowie einige Taschenbuchausgaben – kann gezeigt werden. Als Kuriosität ist zu vermerken, daß das einzige erhaltene Porträtbild Gertrud Kolmars von 1928 oft seitenverkehrt reproduziert wird, wodurch ein »falsches Bild« der Dichterin wiedergegeben wird. (So auf dem Titelblatt von ›Frauen Literatur Geschichte‹, 1982, bei dtv, oder auch bei der amerikanischen Ausgabe von 1975, ›Dark Soliloquy‹).

1 Hermann Kasack an Peter Wenzel

Suhrkamp Verlag vorm. S. Fischer Frankfurt am Main. Abgesandt: Stuttgart, 4 November 1949. Maschinenschriftlicher Brief, 1 Bl. (1 S.) (Sabine Wenzel)

Inzwischen hatte die Währungsreform den Buchhandel in eine schwierige Krise gestürzt:

»Sie wissen, daß der Nachlaß von Gertrud Kolmar von mir druckfertig zusammengestellt ist. Die Erfahrungen, die wir gegenwärtig mit Gedichtbänden machen, sind so entmutigend, daß es im Augenblick keinen Zweck hätte, die Ausgabe in Satz zu geben. Was nutzt es, wenn ein Buch erscheint, wenn es aber vom Buchhandel nur in kaum 100 Exemplaren bestellt wird.

So haben wir den ursprünglich für das Frühjahr vorgesehenen Band auf die Herbstproduktion des nächsten Jahres zurückstellen müssen. – Daß der Band aber bestimmt erscheinen wird, das werden Sie mir glauben, weil ich nach wie vor überzeugt bin, daß Gertrud Kolmar mit ihren großartigen Dichtungen einmal der großen Öffentlichkeit bekanntgemacht werden muß. Man muß nur den rechten psychologischen Augenblick dafür wählen.«

Peter Wenzel vermerkt auf dem Blatt:
»848026 Mittwoch früh vorbeigehen! ¾9
Was kann zur Vorbereitung getan werden?
Hektografierte Auswahl an die Presse? a) Eingängig gute b) der Gesamt- und Zeilenlänge nach für Abdruck geeignet.«

2 Peter Wenzel an Hermann Kasack

Berlin, 26. Juli 1950. Handschriftliche Postkarte

»…es ist schrecklich unbescheiden, aber ich möchte heute doch erneut anfragen, ob in der Angelegenheit Gertrud-Kolmar – Akademie der Literatur, Mainz irgendwelche Fortschritte erzielt worden sind. Mit jedem Tag bin ich besorgter wegen des endlichen Erscheinens des Nachlass-Bandes…«

3 Hermann Kasack an Peter Wenzel

Stuttgart, 29. Januar 1951. Maschinenschriftlicher Brief, 1 Bl. (1 S.)

Bei der Mainzer Akademie der Wissenschaften und der Literatur setzte sich Hermann Kasack vergeblich für Gertrud Kolmar ein:

»... bei der Besprechung in Mainz ergab sich, dass ein grösserer Druckkosten-Zuschuss für die Veröffentlichung in einem anderen Verlage gegenwärtig auf Schwierigkeiten stösst. Dagegen besteht eine andere Aussicht: Unsere Literaturklasse veröffentlicht in diesem Jahre eine Reihe von kleinen Bänden unter dem Titel VERGESSENE UND VERSCHOLLENE. Beispielsweise erscheinen dort mit einleitenden Aufsätzen Arbeiten von Däubler, Arno Holz, Max Herrmann-Neisse (in London verstorben), Else Lasker-Schüler (in Israel verstorben), Oskar Loerke usw. Zwölf Titel stehen bereits fest, von denen mindestens sechs, wenn nicht mehr, in diesem Jahr publiziert werden. Ich habe nun angeregt, auch Gertrud Kolmar in diese Reihe aufzunehmen; es stellte sich aber heraus, dass die Beteiligten von Gertrud Kolmars Schaffen keine rechte Vorstellung hatten. Ich habe nun das Bändchen WELTEN und die seinerzeit von mir in ›Sinn und Form‹ publizierten Gedichte den Herren zukommen lassen, damit sie sich bis zu unseren nächsten Sitzung, die Anfang März stattfindet, damit beschäftigen können.«

Jacob Picard und Kurt Pinthus hatten schon in der amerikanischen Emigration immer wieder an Werk und Lebensschicksal Gertrud Kolmars erinnert:

4 Jacob Picard: Gertrud Chodziesner
Aufbau, New York, 8. Mai 1942. Typoskript. Abschrift von Peter Wenzel?

»Wir sollten die, die noch drüben sind, im Ungewissen der Gefahr, niemals vergessen. Eine jüdische Dichterin lebt noch dort, die wir nicht vergessen dürfen: Gertrud Chodziesner, Tochter des in Berlin einmal sehr bekannten Justizrats. Sie wollte ihren alten Vater nicht allein lassen, ging darum nicht fort. Warum soll gerade an sie erinnert werden? Andere sind auch noch dort: Leo Hirsch, Arthur Silbergleit, Marianne Rein, die Würzburgerin. Sind sie es noch?

Das untergehende deutsche Judentum hat sie der deutschen Dichtung geschenkt, wie es das mit Mombert in auffallendem Zusammentreffen tat...«

5 Jacob Picard: Gertrud Kolmar: The Woman and the Beasts (Die Frau und die Tiere)
Commentary, New York, Heft 10 vom November 1950. Aus dem Deutschen übersetzt von Martin Greenberg. Mit einer Widmung von Jacob Picard an Hilde Wenzel.

Der Aufsatz enthält die Gedichte ›Abschied‹ und ›Wir Juden‹, deutsch und englisch.

6 Jacob Picard an Peter Wenzel
New York, 8. Januar 1951 (abgestempelt 8. Februar 1951). Handschriftliche Postkarte

Picard bezieht sich auf einen Brief Peter Wenzels, in dem dieser auf einen Fehler in dem

›Commentary‹-Aufsatz hingewiesen hat: »In meinem Mscrpt. hiess es ›WAPPEN‹ (*nicht* Waffen*). Dann hab' ich das Letztere in der Korrektur verbessert; überdies fragten sie dann telefonisch bei mir an danach, ob es nicht ›Waffen‹ heissen müsse trotzdem. Ich klärte es dabei ausführlich auf, es habe die Bedeutung ›Coat of Arms‹ = Wappen. Und *trotzdem* geschah dann dieser ärgerliche Fehler. Da kann man nichts machen. Man kann sich hier das Preußentum in vielen Kreisen eben nur mit Waffen und Krieg vorstellen.«

7 Gertrud Kolmar: Das lyrische Werk

Heidelberg/Darmstadt: Sechste Veröffentlichung der Deutschen Akademie für Sprache und Dichtung, Verlag Lambert Schneider 1955

Der broschierte Band in Großoktav enthält die Porträtphotographie der Dichterin von 1928 und zwei Faksimiles von Manuskripten, die seither verschollen sind: das Gedicht ›Nichts‹ aus dem Gedichtkreis ›Napoleon und Marie‹ und den Brief an Hilde Wenzel vom 26. Dezember 1939. (Diese beiden Handschriftenproben und das letzte Gedicht aus ›Napoleon und Marie‹, ›Irgendwo in Rußland‹, wurden noch auf einer Ausstellung der Darmstädter Akademie gezeigt, die im Frühjahr 1956 nach Stuttgart kommen sollte. Vielleicht führt dieser Hinweis dazu, daß die Blätter wieder gefunden werden.)

8 Jacob Picard: Nachwort

Typoskript, 4½ Bl. (5 S.), datiert »New York, August 1955«, mit geringen handschriftlichen und maschinenschriftlichen Korrekturen sowie Anweisungen für den Setzer.

9 Gertrud Kolmar: Das lyrische Werk

München: Kösel-Verlag 1960. Zweite erweiterte Gesamtausgabe mit einem Nachwort von Hilde Wenzel, hrsg. von Friedhelm Kemp.

10 Kurt Pinthus: Bekenntnis zu einem Genie. Gertrud Kolmars ›Lyrisches Werk‹

Aufbau, New York, Nr. 56 vom 6. September 1957, Beilage ›Der Zeitgeist‹

Hier findet sich eine Beschreibung der äußeren Erscheinung der Dichterin, die Pinthus in den dreißiger Jahren wahrscheinlich noch persönlich kennengelernt hat: »Sie war weder als junges Mädchen noch als erwachsene Frau hübsch oder schön zu nennen, aber die kleine Gestalt und das unregelmäßige Gesicht schienen ganz beherrscht von großen, dunkelbraunen, suchenden Augen.«

11 Gertrud Kolmar: Briefe an die Schwester Hilde (1938–1943)

Hrsg. von Johanna Zeitler. München: Kösel-Verlag 1970

Mit einem Faksimile des Briefes vom 1. Oktober 1939 (verkleinert) und einem Nachwort von Johanna Zeitler

GERTRUD KOLMAR
DAS LYRISCHE WERK

DEUTSCHE AKADEMIE FÜR SPRACHE UND DICHTUNG

KÖSEL-VERLAG

KÖSEL-VERLAG MÜNCHEN

Titelblatt der zweiten Ausgabe (s. 14/9)   **Titelblatt der Erstausgabe (s. 14/11)**

Auf der gegenüberliegenden Seite: Umschlag der Erstausgabe (s. 14/7)

12 Gertrud Kolmar: Tag- und Tierträume. Gedichte

Auswahl und Nachwort von Friedhelm Kemp. München: Deutscher Taschenbuch Verlag 1963, sonderreihe 13

13 Gertrud Kolmar: Die Kerze von Arras

Auswahl und Nachwort von Uwe Berger. Berlin: Aufbau-Verlag 1968

14 Gertrud Kolmar: Eine jüdische Mutter

München: Kösel-Verlag 1978

Mit einer Nachbemerkung von Friedhelm Kemp. – Die erste Auflage dieser Erzählung war 1965 unter dem Titel ›Eine Mutter‹ erschienen.

15 Gertrud Kolmar: Frühe Gedichte (1917–22). Wort der Stummen (1933)

Hrsg. von Johanna Woltmann-Zeitler. München: Kösel-Verlag 1980

Mit einer Nachbemerkung von Johanna Woltmann-Zeitler

16 Gertrud Kolmar: Weibliches Bildnis. Das lyrische Werk

München: Deutscher Taschenbuchverlag 1987

Der Band enthält alle bislang veröffentlichten Gedichte Gertrud Kolmars und das biographische Nachwort Hilde Wenzels von 1960.

17 Gertrud Kolmar: Dark Soliloquy. The selected Poems of Gertrud Kolmar

Übersetzung und Einleitung von Henry A. Smith. Vorwort von Cynthia Ozick. New York: The Seabury Press 1975

18 Gertrud Kolmar: Susanna

Mailand: Essedue Edizioni 1992

Mit einem Vorwort von Marina Zancan. Die erste italienische Ausgabe eines Textes von Gertrud Kolmar, übersetzt von Mario Allegri. – Das Typoskript dieser Erzählung, entstanden zwischen dem 20. Dezember 1939 und dem 13. Februar 1940, blieb fast zwei Jahrzehnte ungedruckt. Karl Otten hat ›Susanna‹ dann 1959 in seine Sammlung jüdischer Prosa, ›Das leere Haus‹, aufgenommen. Hat die italienische Ausgabe endlich den selbständigen Druck einer deutschen Edition nach sich gezogen? Sie erschien 1993 mit einem Nachwort von Thomas Sparr (Frankfurt/Main: Jüdischer Verlag).

19 Das leere Haus. Prosa jüdischer Dichter

Herausgegeben von Karl Otten. Stuttgart: Cotta 1959

15 »Wir werden mit Türmen gegürtet sein«

»Ich bin fremd. / Weil sich die Menschen nicht zu mir wagen, / Will ich mit Türmen gegürtet sein…« – mit dieser Metapher beginnt eines der berühmtesten Gedichte der Gertrud Kolmar, ›Die Jüdin‹. Johannes Bobrowskis ›Gertrud Kolmar‹ überschriebenes Gedicht gibt auf diese Zeilen ein direktes Echo. Aber auch jüngere Autoren haben sich ihrem Werk, ihrem Schicksal verbunden gefühlt, etwa Volker Ebersbach und Uwe Berger. Als erste hat jedoch Nelly Sachs auf das Schicksal Gertrud Kolmars reagiert. Sie ist ihr in den Veranstaltungen des Jüdischen Kulturbundes in Berlin begegnet, auf denen Gedichte von beiden Dichterinnen vorgetragen wurden. »Die Erinnerung an die kleine schon todgeweihte Schar, die wir einmal ausmachten, als Erna Leonhard-Feld ihre Rezitationsabende hielt, steht noch deutlich vor meinen Augen und ist eingegraben in meinem Gefühl für immer« (Nelly Sachs an Kurt Pinthus am 12. Dezember 1946, ›Briefe‹, S. 71) Darüber hinaus hatte Gertrud Kolmar mit zwei Menschen nähere Bekanntschaft geschlossen, die mit Nelly Sachs eng befreundet waren: mit der Malerin Dora Horwitz geb. Jablonsky, und mit Dr. Hugo Horwitz, einem Privatgelehrten, der in den Briefen Gertrud Kolmars als der »Spinozaforscher« apostrophiert wird.

Gertrud Kolmar, Dora Horwitz, Kurt Horwitz und weiteren siebzehn ihrer Berliner Bekannten, widmete Nelly Sachs eine »Grabschrift« oder eine »Inschrift«, nachdem sie im Herbst 1942 und im Frühjahr und Sommer 1943 von deren Deportation Nachricht bekommen hatte.

Am 18. Juli 1943 erläuterte sie in einem Brief an ihre Freundin Emilia Fogelklou-Norlind jene zwanzig Gedichte, die den gemeinsamen Titel ›Grabschriften in die Luft geschrieben. Meinen toten Brüdern und Schwestern‹ tragen: »Geliebte Ili, ich danke Dir, daß die Inschriften in Deinem Herzen ruhen durften. Ich will Dir nun zu den Einzelnen die Personen hinzusetzen: »Die Tänzerin« sei ihre Freundin, die »Gattin des Spinozaforschers«. Er, »sehr gebrechlich, hinkend, mit edlen Zügen und einer sanften Stimme«. Und Gertrud Kolmar: »Die Hellsichtige: Eine der wohl größten Lyrikerinnen. Visionen über alle Grenzen hinaus.« (›Briefe‹, S. 30f)

1 Nelly Sachs, Die Hellsichtige. G. C.

Typoskript (Göteborgs Universitetsbibliotek, Göteborg)

> **Die Hellsichtige**
> G. C.
>
> Du sahst die Gedanken kreisend gehn
> Wie Bilder um ein Haupt.
> Der Luft hast Du geglaubt
> Darin die Sterne auferstehn.
>
> Du hattest nicht den Blindenstar
> Der altgewordenen Zeit.
> Wo für uns noch der Abend war
> Sahst Du schon Ewigkeit.
>
> .—.—.—.

Der seit 1952 ungewöhnlich produktive Schriftsteller Uwe Berger, von dem 1990 die Erzählung ›Flammen oder das Wort der Frau‹ über das Schicksal Gertrud Kolmars erschienen ist (Berlin: Aufbau), setzte sich in der DDR früh für ihre Dichtungen ein; 1968 erschien unter seiner Herausgeberschaft die Anthologie ›Die Kerze von Arras‹ (Berlin: Aufbau); zehn Jahre später der Erstdruck des Zyklus ›Das Wort der Stummen‹ (Berlin: Der Morgen). Sein Gedicht ›Gertrud Kolmar‹ entstand 1966.

2 Uwe Berger: Gertrud Kolmar

Handschrift für Johanna Woltmann. Mit einer Textvariante gegenüber dem Erstdruck in: Neue Texte. Almanach für deutsche Literatur, Herbst 1967. Berlin, Weimar: Aufbau, S. 91.

Seit den frühen fünfziger Jahren sammelte Johannes Bobrowski seine liebsten Gedichte, die er mit der Hand kopierte, in einer kleinen schwarzen Klemm-Mappe. Die losen Blätter, sorgfältig mit seiner kleinen, deutlichen Hand beschrieben, sind immer wieder vermehrt worden; manches wurde ausgeschieden. Der bis zu seinem Tod, 1965, revidierte Vorrat deutscher Poesie enthält sieben Gedichte von Gertrud Kolmar, so viele wie sonst nur von Klopstock, von Eduard Mörike oder von der Lavant. Zum 20. Todestag Bobrowskis hat Eberhard Haufe die Sammlung herausgegeben (›*Meine liebsten Gedichte. Eine Auswahl deutscher Lyrik von Martin Luther bis Christoph Meckel.*‹ *Mit zehn Wiedergaben nach der handschriftlichen Sammlung. Berlin: Union 1985*).

3 Gertrud Kolmar: Die Kröte

Abschrift von der Hand Johannes Bobrowskis. 1 Bl. (2 S.)

Die Kröte

Ein blaues Dämmer sinkt mit triefender Feuchte;
Es schleppt einen breiten rosiggoldenen Saum.
Schwarz steilt eine Pappel auf in das weiche Geleuchte,
Und milde Birken verzittern zu fahlerem Schaum.
Wie Totenhaupt kollert so dumpf ein Apfel zur Furche,
Und knisternd verflackert mählich das herbstbraune Blatt.
Mit Lichtchen gespenstert ferne die düsternde Stadt.
Weißer Wiesennebel braut Lurche.
Ich bin die Kröte.
Und ich liebe die Gestirne der Nacht.
Abends hohe Röte
Schwelt in purpurne Teiche, kaum entfacht.
Unter der Regentonne
Morschen Brettern hock ich duckig und dick;
Auf das Verenden der Sonne
Lauert mein schmerzlicher Mondenblick.
Ich bin die Kröte.
Und ich liebe das Gewisper der Nacht.
Eine feine Flöte
Ist im schwebenden Schilf, in den Seggen erwacht,
Eine zarte Geige
Flirrt und fiedelt am Felderrain.
Ich horch und schweige,
Zerr mich an fingrigem Bein
Unter fauler Planke
Aus Morastigem Glied um Glied,
Wie versunkner Gedanke
Aus dem Wust, aus dem Schlamm sich zieht.
Durch Gekräut, um Kiesel
Hüpf ich als dunkler, bescheidener Sinn;
Tauiges Laubgeriesel,
Schwarzgrüner Efeu spült mich dahin.

Ich atme, schwimme
In einer tiefen, beruhigten Pracht,
Demütige Stimme
Unter dem Vogelgefieder der Nacht.
Komm denn und töte!
Mag ich nur ekles Geziefer dir sein:
Ich bin die Kröte
Und trage den Edelstein...

4 Gertrud Kolmar: Die Drude

Abschrift von der Hand Johannes Bobrowskis. 1 Bl. (2 S.)

Das Gedicht ›Gertrud Kolmar‹ von Bobrowski erschien erstmals in der Zeitschrift ›Merkur‹ (XV. Jg, Heft 4 vom April 1961, S. 330) mit der »Anmerkung: ›mit Türmen gegürtet sein‹ – aus G. Kolmars Gedicht ›Die Jüdin‹« als Vorabdruck aus dem zweiten Gedichtband ›Schattenland Ströme‹ (Stuttgart: Deutsche Verlagsanstalt 1962):

DIE DRUDE

[handschriftlicher Gedichttext, Handschrift Johannes Bobrowskis]

91.2.99

Abschrift von der Hand Johannes Bobrowskis (s. 15/4)

O, ich bin jedem das Prächtigste auf der Welt!
doch zieh ich die Blindheit von seinen Schauen:
da weiß er, daß es ein Roman fällt
für ding zum Grauen,
und kreischt aus Angst, daß es gellt.

Und der Moorwald lacht.
Der Schlammmund öffnet sich als ein Krater.
Und in der nächstnächsten Nacht
Warf ich wohl einen pechschwarzen Kater,
der uns den Schornstoch bewacht.

Niemand ich Mann.
Springt auf Wolbne auf Regentrauben.
aber die Kinder geh ich nicht an,
laß sie mit ihren kleinen Schürzungen laufen.
Sie tragen ein Kraut, das ich nicht vermögen kann.

GERTRUD KOLMAR

GERTRUD KOLMAR

Buche, blutig im Laub,
in rauchender Tiefe, bitter
die Schatten, droben das Tor
aus Elstergeschrei.

Dort ist eine gegangen,
Mädchen, mit glattem Haar,
die Ebene unter den Lidern
lugte herauf, in den Mooren
vertropfte der Schritt.

Ungestorben aber
die finstere Zeit, umher
geht meine Sprache und ist rostig von Blut.

Wenn ich deiner gedächte:
Vor die Buche trat ich,
ich hab befohlen der Elster:
Schweig, es kommen, die hier
waren – wenn ich gedächte:
Wir werden nicht sterben, wir werden
mit Türmen gegürtet sein?

Anhang

Dieser Anhang bietet eine Ergänzung der bisher in den Werkausgaben und in vorliegendem ›Marbacher Magazin‹ mitgeteilten entstehungsgeschichtlichen Daten des Werkes von Gertrud Kolmar. Er betrifft vor allem die Gedichtzyklen ›Preußische Wappen‹ (›Das Preußische Wappenbuch‹), ›Kind‹, ›Weibliches Bildnis‹, ›Tierträume‹ und ›Welten‹, die in den bisherigen Ausgaben des ›Lyrischen Werks‹ nicht in ihrer ursprünglichen Fassung angeordnet sind oder in verschiedenen Fassungen vorliegen. Alle übrigen bisher vollständig abgedruckten Gedichtzyklen entsprechen den Anordnungen der Dichterin.

Das hier mitgeteilte Gedicht ›Dagon spricht zur Lade‹ ist das letzte unveröffentlichte Gedicht aus dem nachgelassenen Textkorpus.

1. DAS PREUSSISCHE WAPPENBUCH. Gedichte

Das Typoskript umfaßt 105 Blatt, die rechts oben handschriftlich numeriert sind (Blatt 1 und 4–107), Blatt 2 und 3 enthielten vermutlich das Inhaltsverzeichnis. Die vorliegende Anordnung einschließlich der Angaben der Preußischen Provinzen entspricht dem Typoskript.

OSTPREUSSEN
Wappen von Allenburg
Wappen von Frauenburg
Wappen von Gilgenburg
Wappen von Liebemühl
Wappen von Neidenburg
Wappen von Pillau
Wappen von Stallupönen
Wappen von Tapiau
Wappen von Wormditt

(WESTPREUSSEN)
Wappen von Baldenburg
Wappen von Rosenberg

(WESTPREUSSEN)
Wappen von Schloppe
Wappen von Tütz

BRANDENBURG
Wappen von Berlin
Wappen von Brüssow
Wappen von Cöpenick

MARK BRANDENBURG
Wappen von Königswalde
Wappen von Nauen
Wappen von Rathenow
Wappen von Sonnewalde
Wappen von Woldenberg
Wappen von Zechlin
Wappen von Zinna

POMMERN
Wappen von Lassan
Wappen von Loitz an der Peene
Wappen von Pyritz
Wappen von Rummelsburg
Wappen von Usedom
Wappen von Wangerin

(POSEN)
Wappen von Bomst

SCHLESIEN
Wappen von Auras

SCHLESIEN
Wappen von Bernstadt
Wappen von Freyhan
Wappen von Friedland
Wappen von Herrnstadt
Wappen von Hundsfeld
Wappen von Juliusburg

SACHSEN
Wappen von Magdeburg

SCHLESWIG-HOLSTEIN
Wappen von Eckernförde
Wappen von Elmshorn
Wappen von Heiligenhafen

HANNOVER
Wappen von Bücken
Wappen von Eldagsen
Wappen von Hameln
Wappen von Harpstedt

WESTFALEN
Wappen von Ahlen
Wappen von Beckum
Wappen von Bocholt

HESSEN-NASSAU
Wappen von Borken
Wappen von Gelnhausen
Wappen von Gemünden an der Wohra

RHEINLAND
Wappen von Braunfels
Wappen von Irlich

2. PREUSSISCHE WAPPEN

Titelblatt mit Inhaltsverzeichnis: Hinweis S. 7, Nr. 5

3. PREUSSISCHE WAPPEN

Berlin: Verlag Die Rabenpresse 1934

Kein Inhaltsverzeichnis. Die Gedichte erscheinen in folgender Reihenfolge unter Angabe der preußischen Provinzen:

Ostpreußen

Wappen von Allenburg
Wappen von Frauenburg
Wappen von Liebemühl
Wappen von Stallupönen

Westpreußen

Wappen von Schloppe

Mark Brandenburg

Wappen von Zechlin
Wappen von Königswalde
Wappen von Woldenberg
Wappen von Zinna

Pommern

Wappen von Lassan
Wappen von Pyritz
Wappen von Usedom

Rheinland

Wappen von Irlich

Sachsen

Wappen von Magdeburg

Schlesien

Wappen von Bernstadt
Wappen von Herrnstadt

Westfalen

Wappen von Ahlen
Wappen von Bocholt

II.

1. MEIN KIND (erste Fassung)

Der Zyklus ›Mein Kind‹ ist in zwei Fassungen erhalten, die sich nur durch die Anzahl der Gedichte und durch geringfügige Umstellungen unterscheiden.

Das Typoskript der ersten Fassung (31 Gedichte) enthält 72 Blatt, davon ein Blatt mit Inhaltsverzeichnis und einen Durchschlag des Inhaltsverzeichnisses; kein Titelblatt. Die Gedichte sind rechts oben handschriftlich numeriert (Blatt 1–70).

Auf dem Original des Inhaltsverzeichnisses findet sich rechts unten die handschriftliche Notiz Gertrud Kolmars:»Die mit + bezeichneten Gedichte s. Sammlung ›Die Frau und die Tiere‹.«

Die so bezeichneten Gedichte finden sich in der Zusammenstellung von 1933 für den Gedichtband ›Die Frau und die Tiere‹.

Inhalt

Das Freudenmädchen
Ein grünes Kleid +
Westindien

Verwandlungen +
Komm +
Erde

Hoffen	Die Kinderdiebin
Der Rebstock	Echsenstadt +
Maurische Legende	Die Brunnentiefe
Der sonderbare Tanz	Wahn
Das Herz	Du +
Brot	Mörder
Weide +	Troglodytin
Hexe	Winter
Eisvogel	Ein Mädchen (= Ein
Deine Welt	anderes im ›Lyrischen Werk‹)
Schlaf	Abschied
Spaziergang	Welle
Café Terra	
Spielzeug	

Auf dem Durchschlag des Inhaltsverzeichnisses sind in der Handschrift Gertrud Kolmars (Bleistift) folgende Änderungen festgehalten:
Die Gedichte ›Erde‹, ›Hoffen‹, ›Das Herz‹, ›Deine Welt‹, ›Mörder‹ sind durchgestrichen, dahinter steht die Anmerkung »fort«; die Gedichte ›Brot‹, ›Spielzeug‹, ›Troglodytin‹ sind ebenfalls durchgestrichen und an anderer Stelle eingefügt. Diese Anordnung ist identisch mit dem Inhaltsverzeichnis der zweiten Fassung des Gedichtzyklus ›Mein Kind‹.

2. MEIN KIND (zweite Fassung)

Das Typoskript umfaßt 61 Blatt in Form von Schreibmaschinendurchschlägen der ersten Fassung (26 Gedichte). Die Gedichte sind rechts oben handschriftlich numeriert (Blatt 1–58). Ein Titelblatt und das Inhaltsverzeichnis (mit einem Durchschlag) sind neu geschrieben, nicht numeriert. Das Titelblatt lautet:

Gertrud Chodziesner

MEIN KIND

Gedichte

Das Inhaltsverzeichnis:

Inhalt

Das Freudenmädchen	Weide
Ein grünes Kleid	Hexe
Westindien	Eisvogel
Verwandlungen	Schlaf
Komm	Spaziergang
Der Rebstock	Café Terra
Maurische Legende	Brot
Der sonderbare Tanz	Die Kinderdiebin

Echsenstadt
Spielzeug
Die Brunnentiefe
Troglodytin
Wahn

Du
Ein Mädchen
Winter
Abschied
Welle

III.

WEIBLICHES BILDNIS

Das Typoskript umfaßt 40 Blatt, die Gedichte sind rechts oben handschriftlich numeriert. Es ist unvollständig, denn es fehlen die für den Band ›Die Frau und die Tiere‹ ausgewählten Texte, weshalb auch die ursprünglich fortlaufende Blattnumerierung unterbrochen ist. Ein Titelblatt fehlt; auf dem ersten Blatt des Inhaltsverzeichnisses steht in der Handschrift Hermann Kasacks: ›Weibliches Bildnis‹. Dieses Inhaltsverzeichnis enthält auf zwei unnumerierten Blättern den ganzen ursprünglichen Zyklus mit den Untergliederungen ›Erster‹ bis ›Vierter Raum‹. Auf dem zweiten Blatt links unten steht in Gertrud Kolmars Handschrift:»Die mit + bezeichneten Gedichte sind in der Auswahl ›Die Frau und die Tiere‹.« Die so bezeichneten Gedichte finden sich in der Zusammenstellung von 1933 für den Gedichtband ›Die Frau und die Tiere‹ (siehe S. 81 f.).

ERSTER RAUM

Die Dichterin
Die Jüdin +
Die Fahrende +
Die Fremde
Die Unerschlossene
Die Drude
Das Räubermädchen
Die Landstreicherin +
Die Gärtnerin
Die Geliebte
Die Entführte
Der Seegeist

ZWEITER RAUM

Die Redende
Die Tochter
Die Gauklerin
Die Schlangenspielerin 1
Die Liebliche +
Die Tänzerin 1
Mädchen +

Die Mutter +
Eine Andere +
Die Gesegnete
Die Sünderin
Die Verworfene
Judith

DRITTER RAUM

Die alte Jungfer +
Die Blinde
Großmutter +
Die Puppe
Singende Mutter +
Die Irre
Die Einsame
Das Götzenbild
Die Schlangenspielerin 2 +
Das Tier
Die Frau mit dem Adlerweibchen +
Die Kranke
Die Müde
Die Erzieherin
Die Kindlose

VIERTER RAUM

Die Häßliche +
Die Tänzerin 2
Die Stickerin
Erstarrt
Die Verlassene +

Die Alternde
Die Lumpensammlerin
Die Begrabene
Die Sinnende +
Die Leugnerin +
Die Beterin

IV.

TIERTRÄUME

Das Typoskript umfaßt 45 Blatt; die Gedichte sind rechts oben handschriftlich numeriert. Es ist unvollständig, denn es fehlen die für den Band ›Die Frau und die Tiere‹ ausgewählten Texte, weshalb auch die ursprünglich fortlaufende Blattnumerierung unterbrochen ist. Ein Titelblatt fehlt. Das Inhaltsverzeichnis existiert vollständig als Schreibmaschinendurchschlag auf zwei unnumerierten Blättern. Auf diesen Blättern sind mit Bleistift die Umstellungen für die Erstausgabe von 1938 sowie die entsprechenden Seitenzahlen dieser Buchausgabe vor den jeweiligen Gedichttiteln notiert. Aus dem ursprünglichen Gedichttitel ›Ein anderer spricht‹, der auf den Titel ›Der Drache‹ folgt, wurde ›Der Drache spricht‹, in der Erstausgabe schließlich ›Ein Drache spricht‹.

Vom Originaltyposkript des Inhaltsverzeichnisses ist nur noch das zweite Blatt vorhanden. Auf ihm sind vier Gedichte mit + gekennzeichnet, rechts unten findet sich wieder die handschriftliche Notiz Gertrud Kolmars:»Die mit + bezeichneten Gedichte sd. in der Auswahl ›Die Frau und die Tiere.‹« Die so bezeichneten Gedichte finden sich in der Zusammenstellung von 1933 für den Gedichtband ›Die Frau und die Tiere‹

Inhalt

Trauerspiel	Der Schwan +
Ein Hund	Schwarzwild +
Hyänen	Der Krötendämon
Olmgast	Liebende
Der Drache	Geflügelpark
Ein anderer spricht +	Krähen
(= Ein Drache spricht)	Mörder Taube
Fischkönig +	Die gelbe Schlange

V.

1. DIE FRAU UND DIE TIERE

Das Titelblatt – ein gefalteter DIN-A4-Bogen – und ein inliegendes Inhaltsverzeichnis auf DIN A5 gehörten zu jener ersten Fassung des Gedichtbandes ›Die Frau und die Tiere‹, die Anfang 1933 von Ina Seidel an die Deutsche Verlags-Anstalt in Stuttgart geschickt worden und dort abgelehnt worden war (siehe S. 80).

Das Titelblatt lautet:

> Adresse der Verfasserin:
> Fräulein Gertrud Chodziesner
> Finkenkrug (Osthavelland)
> Manteuffelstr. 6

DIE FRAU
UND
DIE TIERE.

DICHTUNGEN
von
GERTRUD KOLMAR

S. 1–85
38 Gedichte

Das inliegende Blatt:

Inhalt:

2. DIE FRAU UND DIE TIERE

Erstveröffentlichung (siehe S. 86)

INHALT

WEIBLICHES BILDNIS

VI.

VIER RELIGIÖSE GEDICHTE

In ihren Briefen vom 27. Januar und vom 9. März 1941 spricht Gertrud Kolmar von einem »kleine[n] Zyklus von vier religiösen Gedichten«, die sie ihrer Schwester in die Schweiz schicken wollte. Hierbei handelt es sich offensichtlich um jene als Typoskript und als Schreibmaschinendurchschlag vorliegenden vier Gedichte

> Thamar und Juda
> Esther
> Mose im Kästchen
> Dagon spricht zur Lade (unv.).

Von den beiden letzten Gedichten befindet sich im Nachlaß von Kurt Pinthus jeweils ein weiteres neu geschriebenes Typoskript mit folgenden Entstehungsdaten: 1. April 1937 (›Mose im Kästchen‹) und 4. April 1937 (›Dagon spricht zur Lade‹). Wahrscheinlich sind alle vier »religiösen Gedichte« im Frühjahr 1937 entstanden.

> Dagon spricht zur Lade
>
> Liege und bete mich an! Liege!
>
> Du hast keine Knie zum Beugen,
> Du hast keine Augen zum Weinen.
> Wo sind deine Träger und Zeugen?
> Wo ist das Winseln der Deinen?
> Vernimm meine blitzenden Siege
> In Pauken und Zimbeln der Meinen.
> Ich war die Hand, die sie säte,
> Samen aus steinerner Weiche,
> Ich bin der Arm, der dich mähte,
> Schnitter der sieben Reiche,
> Ich bin der Fürst der fünf Städte,
> Zu Asdod der mächtige Gott.

180 Anhang

Liege und bete mich an! Liege!

Ich bin vom Adler und Fische,
Den Flossenschwanz unter der Hüfte;
Er treibt mein Wort, dass es fliege,
Er peitscht das Meer, dass es zische,
Er geisselt die freien Lüfte
Und knäult sie in heulende Stürme.
Er schleudert Schlamm um die Türme,
Er träufelt Gischt in die Grüfte,
Er will im Wogenschoss schlafen –
Die bebenden Rudrer der Barken,
Sie wissen von Dagon, dem Starken,
Und sinken flehend zum Hafen
Auf abendpurpurner Flut.

Liege und bete mich an! Liege!

Zehn Priester im Tempeldüster,
Zehn Priester heben die Braue
Zu meiner heischenden Nüster
Und fächeln mir feurige Klaue
Und schlachten ihr milchweisse Ziege
Und bleiben blind, wo ich schaue.
Blind wie der heimlich Geschorne,
Der mit Fäusten Geborne,
Der mir den Eselskinnbacken
Schlug auf die tausend Knechte,
Dem meine Säulen knacken:
Du doch, ewig Geschwächte,
Du doch, immer Verlorne,
Bete du an! Brich den Nacken
Vor Mir, vor Mir, vor Mir!...

                        Die Lade: Nein.
Gott Abrahams, Gott Isaaks, Gott Jakobs,
Vor dir!

Des Götzen Stirn fuhr nieder auf den Stein.

d. 4. 4. 1937.   Gertrud Chodziesner.

VII

WELTEN

Das Typoskript von 41 DIN-A4-Bogen liegt vor als Durchschlag des Originals, die Gedichte sind handschriftlich numeriert (Blatt 1–39). Das Titelblatt lautet:

Gertrud Chodziesner

WELTEN

Gedichte

17. 8. – 20. 12. 1937

Blatt 2:

Inhalt

Die Mergui-Inseln
Sehnsucht
Das Einhorn
Dienen
Türme
Die Tiere von Ninive
Der Engel im Walde
Aus dem Dunkel
Asien

Barsoi
Die alte Frau
Garten im Sommer
Das Opfer
Fruchtlos
Der Ural
Die Stadt
Kunst

Die leicht veränderte Anordnung dieser Gedichte von der Erstausgabe 1947 an und der Titel ›Zueignung‹ anstelle von ›Kunst‹ stammen von Hermann Kasack.

Abkürzungsverzeichnis

Hilde Benjamin, Erinnerungen an Gertrud Kolmar. In: Gertrud Kolmar, Das Wort der Stummen. Nachgelassene Gedichte, Berlin: Buchverlag Der Morgen 1978. –

Walter Benjamin, Briefe, Bd. 1 und 2, Frankfurt a. M.: Suhrkamp 1966 (Bd. II, S. 579). –

Walter Benjamin 1892–1940, Marbacher Magazin 55/1990. Bearbeitet von Rolf Tiedemann, Christoph Gödde und Henri Lonitz. Marbach: Deutsche Schillergesellschaft 1990. –

Über Walter Benjamin. Mit Beiträgen von Theodor W. Adorno, Ernst Bloch, Max Rychner u. a., Frankfurt a. M. 1968. –

Gertrud Kolmar, Briefe an die Schwester Hilde (1938–1943), München: Kösel-Verlag 1970. –

Gertrud Kolmar, Das lyrische Werk, München: Kösel-Verlag 1960. –

Nelly Sachs, Briefe der Nelly Sachs. Hrsg. von Ruth Dinessen und Helmut Meissener, Frankfurt a. M.: Suhrkamp 1984 (S. 31). –

Shulamit Volkov, Jüdisches Leben und Antisemitismus im 19. und 20. Jahrhundert, München: C. H. Beck 1990. –

Hilde Wenzel: Nachwort. In: Gertrud Kolmar, Das lyrische Werk, München: Kösel-Verlag: 1960.

Inhaltsverzeichnis

MARBACHER MAGAZIN 63/1993
für die Ausstellung
im Schiller-Nationalmuseum Marbach
zwischen Februar und Mai 1993
und im Literaturhaus Berlin
zwischen Juni und Juli 1993

Mit einem Stammbaum der Familie
Schoenflies als Beilage,
erarbeitet auf Grund der Vorlage
von Peter und Hilde Wenzel
(Die Geburts- und Sterdedaten
sind in diesem Manuskript
mit christlichen Symbolen
gekennzeichnet.)

2., durchgesehene Auflage 1993
5. und 6. Tausend
Die Texte von Gertrud Kolmar werden
mit freundlicher Genehmigung des Kösel-Verlags
München mitgeteilt.
Herausgeber: Ulrich Ott
Redaktion: Friedrich Pfäfflin
Gesamtherstellung:
Dr. Cantz'sche Druckerei
Ruit-Ostfildern

ISBN 3-928882-06-6